JI JIAN
JINDAISHI

孙骁 王丹 著

极简
金代史

团结出版社

图书在版编目（ＣＩＰ）数据

极简金代史 / 孙骁，王丹著. -- 北京：团结出版
社，2021.11
　　ISBN 978-7-5126-8757-8

　　Ⅰ．①极… Ⅱ．①孙… ②王… Ⅲ．①中国历史－金
代 Ⅳ．①K246.4

中国版本图书馆 CIP 数据核字 (2021) 第 074059 号

出　版：团结出版社
　　　　（北京市东城区东皇城根南街84号　邮编：100006）
电　话：（010）65228880　65244790（出版社）
　　　　（010）65238766　85113874　65133603（发行部）
　　　　（010）65133603（邮购）
网　址：http://www.tjpress.com
E-mail：zb65244790@vip.163.com
　　　　tjcbsfxb@163.com（发行部邮购）
经　销：全国新华书店
印　装：三河市东方印刷有限公司

开　本：146mm×210mm　　　32开
印　张：9.75
字　数：150千字
版　次：2021年11月　　第1版
印　次：2021年11月　　第1次印刷

书　号：978-7-5126-8757-8
定　价：38.00元

目　录

问题十：《金史》是一部什么样的史书?

问题一：
女真人
从何而来？

1 女真与肃慎的渊源

2 女真与靺鞨

10 世纪以来，中国北方的游牧民不断南下，相继建立了辽、金、西夏、元和清政权。和中国历史上的汉族政权不同，这些政权是由生活在北方的游牧族群建立的。在中国的广袤地域之上，自古以来就生活着众多的族群——除了我们所熟知的华夏族群以外，还分布着"蛮、夷、戎、狄"（来源于《礼记·王制》）等族群。所谓的"蛮""夷""戎""狄"是华夏政权给他们的称谓。早在先秦时期，统治阶层以及精英权贵就已经对华夏族群以外的族群有所了解，逐渐形成了一套完整的认知方式，并在此基础上衍生出明确的处理华"夷"之间关系的观念及方案。先秦时期对"四夷"的认知和观念可以用"一点四方"来概括："一点"指的是位于中央的华夏，而在此之外，按照东西南北四个方位，分别居住着"东夷""西戎""南蛮"和"北狄"。《礼记·王制》中记载："东方曰夷，被发文身，有不火食者矣。南方曰蛮，雕题交趾，有不火食者矣。西方曰戎，被发衣皮，有不粒食者矣。北方曰狄，衣羽毛穴居，有不粒食者矣。"区分"四夷"的标准是居住方位、衣着、饮食等生活习俗，显然这些族群的文化与华夏文化是有着明显差异的。

依照上述观念，建立了金政权的女真族就属于"北狄"。女真族的活动范围就在我国的东北地区，白山黑水成为女真族的天然摇篮。与建立了辽的契丹人、建立了元的蒙古人一样，女真人也是一支游牧民族。游牧和农耕是人类经过漫长的历史发展所形成的两种截然不同的文明形态。那么，游牧和农耕之间的分野是怎样出现的呢？早在石器时代，人类由原始采集食物的生存方式逐渐发展到原始农业，收集种子经过播种生产出粮食。进入青铜时代以后，人类更加熟练地掌握了制作专门化工具的技术以及灌溉技术，这大大促进了农业的发展。依托于工具和灌溉技术，华夏族群的生产方式发展为更加精细的农耕模式。我们知道，华夏族群的核心位于中原地区。黄河丰沛的水资源冲积造就了土地肥沃的黄河流域，这里地势平坦，风调雨顺，是华夏族群进行精耕农业的绝佳地域。而游牧文明的兴起则较晚于农耕文明。一方面，游牧族群见于史籍的记载最早出现于周代后期。另一方面，游牧业大抵发端于森林狩猎社会，而游牧业的兴起则需要掌握专业的驯兽技术，而在此之前，人们依然需要赖以粗放型农业提供生存食粮。在中国北方草原森林地区，由于河流较少，灌溉不利，气候寒冷恶劣，相较于平原地区不适于农耕。那么自然条件恶劣的北方草原和森林地带为什么会形成不同于中原农耕文化的游牧文明呢？有学者认为这是由于较进步的中原社会抢占了较好的土地，一些较落后的部落遭到驱赶，在草原以及森林地区生存。"较弱的部落，在受到富足而组织坚强的农耕者的威胁时，就会被迫退到草原。在那儿，他们学会大量地放牧牲畜，并把放牧牲畜从辅助性技能变为一个自给自足的技能。"①

华夏族群掌握了精细的农耕技术，过着衣食自足而安定的生活，创造出了汉字和丰富的文化。在当时华夏人看来，远在北方山林草原上的游牧人陌生而危险，他们既不会制作得体的衣服，也不会建造遮风挡雨的房屋，而是居住在洞穴里，他们

---

① [美]拉铁摩尔著，唐晓峰译：《中国的亚洲内陆边疆》，江苏人民出版社，2010年版，第224—225页。

较为"野蛮"和落后。但另一方面，这些游牧人善于使用弓箭，在马背上疾驰，他们力量充沛而凶悍，这足以令过惯了农耕生活的华夏人感到惧怕。在民间，这两种粗略的认识同时并存构成了华夏族群对于北方游牧族群的认知范式。游牧族群的生活方式、社会机制和政治结构究竟是怎样的一番景象？这值得我们去深入地探讨，在此之前，我们首先面临的一个问题就是，女真人究竟从何而来，女真族是怎样形成的？在我国的东北地区，自古以来生活着众多的游牧部落，他们经历了长期的历史演进，其间的关系错综复杂。我们通过以下三个小问题对女真族的发源一探究竟。

1. 女真与肃慎的渊源

——女真是肃慎的后裔吗？女真与挹娄、勿吉——挹娄、勿吉与肃慎是同一部族吗？

《金史》记载，"金之先，出靺鞨氏。靺鞨本号勿吉。勿吉，古肃慎地也"。根据这条史料，我们可以看出，女真、靺鞨、勿吉、肃慎之间有着一定的联系，但它们之间究竟是什么样的关系，《金史》并没有做明确的记载。许多学者对这一问题做了研究，有人认为肃慎、靺鞨、女真是一个统一的民族，也有学者认为肃慎、勿吉、靺鞨、女真并非绝然的一脉相承的关系，也不是一个统一的民族，而是散在着许多独立的部落或部落群。①

————————

① 孙进己：《女真源流考》，《史学集刊》，1984 年第 4 期。

一个民族的最终形成是要经过漫长的历史进程的，即由氏族、部落、部落群、部落联盟逐渐发展成为一个民族共同体。关于"民族"概念，我们目前普遍采用斯大林的定义："民族是人们在历史上形成的一个有共同语言、共同地域、共同经济生活以及表现在共同文化上的共同的心理素质的稳定共同体。"因此按照这个定义，严格来说肃慎、勿吉、靺鞨都还没有形成一个民族共同体，而是属于部落或部落联盟的阶段。

"肃慎"在史籍中又被称为"息慎""稷慎"，这是汉族人根据肃慎人所使用的通古斯语的自称音译而来的。"肃慎"的含义究竟是什么？目前有学者认为是"东方"的意思，也有人认为"肃慎"指的是"海东青"（东海之鹰）。肃慎的活动范围非常辽阔，大致在长白山以北，向东至大海，向北到黑龙江中游，南至松花江上游。这一地带处于白山黑水之间，广袤的森林植被以及丰富的水源构成了肃慎人赖以生存的自然环境。因此，狩猎成为了肃慎人最基础的生产方式。考古资料表明，除了狩猎之外，肃慎还有原始农业。肃慎人善于使用弓箭，"楛矢石砮"既是他们狩猎的工具，也是战斗武器。他们使用楛矢石砮捕获飞禽走兽游鱼，这是肃慎人最基本的生活资料。他们寻找天然的洞穴，或建造半洞穴式房屋居住。在长期的狩猎活动中，肃慎人学会了驯养鹿和饲养猪，家畜饲养成为了非常普遍的现象。养猪也成为了肃慎族群的一个显著特征。猪是肃慎最为重要的生活资料——"食其肉，衣其皮"。肃慎人的农业还处在原始阶段，粮食的产量有限，猪肉就成为了他们主要的食物。肃慎人还用猪皮缝制衣服，以抵御寒冷。

根据史书记载，在周王朝的时候，肃慎曾经遣使来朝，用楛矢石砮来纳贡。《尚书》有载："成王既伐'东夷'，肃慎来贺，王俾荣伯，作贿肃慎之命。"周成王打下"东夷"之后，诏令天下朝觐，当时肃慎就派遣使者前来朝贺，周成王就命大臣荣伯隆重地接待肃慎使者。肃慎不仅和中原王朝建立了政治上的联系，而且在经济上也出现了较多的贸易往来。到了春秋战国时期，肃慎已经进入了氏族社会，并且开始出现贫富分化。

汉代以后，史书中出现了有关挹娄的记载，《后汉书·东夷传》载，"挹娄古肃慎之国也，在夫余东北千余里，东滨大海，南与北沃沮接"。挹娄的生活范围大致也在松花江流域东至大海的范围内。挹娄人的生产方式和风俗习惯也与肃慎人几乎一样，在文化上没有太大的区别。挹娄人也使用弓箭进行渔猎，也进行着原始的农耕种植，并且也有畜牧业。挹娄人的农耕产品出现了分类，已经有了五谷，并且还会用麻织布和缝制衣服，这相较于肃慎是有进步的。伴随着贫富分化，挹娄出现了财产私有制。挹娄包括了众多的部落，每一个部落都有自己的首领，还没有出现一个可以掌管整个部落群的统一的首领。因此，挹娄还处在部落群的阶段，没有发展至部落联盟。挹娄与中原王朝也有着往来关系。据史书记载，挹娄多次遣使来朝，贡献楛矢石砮和貂皮等物。而经考古发掘，挹娄遗址发现了汉代五铢钱以及石镰等物品，这表明挹娄与中原王朝有着经济和文化上的交流。那么，挹娄是否就是肃慎的后裔呢？实际上，我们不能简单地将其视为是一个同一性质的民族。一个民族的最终形成是要经过漫长的历史发展过程的。肃慎与挹娄在种族、语言以及风俗习惯上有内在的同质性，但这并非表明二者是绝对的继承关系。从语言和文化上来讲，挹娄和肃慎之间有一定的一致性，但是被称为挹娄的部落在内涵上已经发生了变化。因此，挹娄是在新的历史时期所形成的一个全新的部落群，他与肃慎有一定的关联性，但并非单一的继承关系。

到了南北朝时期，史书上出现了关于对"勿吉"的记载。"勿吉"又被称为"沃沮""窝集"，满语中这个发音的意思为"丛林"，用"勿吉"作为这些部族的名称，意思就是生活在山野森林中的人。《魏书·勿吉传》中记载："勿吉国，在高句丽北，旧肃慎国也。邑落各自有长，不相总一。"可见，勿吉也包含了众多的邑落，其中各个邑落有各自的首领，彼此之间在政治上是相互独立的。勿吉的范围大致在今天的松花江北流段东，松花江东流段南，也就是如今的拉林河流域。在北魏时，勿吉成为了东北地区较有影响力的部落而为中原王朝所知。在《魏书》的记载中，勿吉人勇猛强悍，在"东夷"（见《尚书》）中首屈一指。他们善于使用弓箭打猎，弓长三尺，箭长一尺二寸，还在箭镞上涂抹上毒药，射中的猎物当即死去。在《魏书》的叙述中，勿吉人是一个彪悍勇猛的形象。狩猎依然是勿吉人主要的生产方式。除了狩猎之外，勿吉人也种植粟和麦，并且会酿酒。勿吉没有牛羊，而是大量养猪。勿吉的女性穿着布裙，而男性则穿猪皮和狗皮做的衣服。勿吉的居住习惯与挹娄相似，也是半地穴式居住，房顶的形状像冢，用梯子进出。勿吉频繁向中原王朝朝贡，有时前来进贡的人数多达五百人。这说明勿吉和中原王朝之间维系着稳定的交往。

那么女真是否就是肃慎的后裔呢？从肃慎、挹娄、勿吉到女真，是否存在绝对的继承关系呢？肃慎、挹娄、勿吉活动地域都位于从松花江流域向东至大海这一地区，他们所使用的语言以及风俗习惯相似，因此人们普遍认为他们是一个一脉相承的民族。而据史料记载"挹娄，古肃慎之国也""勿吉国……旧肃慎国也"，这就成为了肃慎、挹娄、勿吉是同一个民族的佐证。但是，在松花江流域东至大海这一广大的地域范围上，生活着众多的部落，而肃慎有可能就是这些部落中的一支。而在周代至春秋战国时期，肃慎与中原有了交往，中原王朝就以肃慎代称生活在这一地区的众多部落。因此可以推测在广义上来讲，肃慎、挹娄、勿吉具有种族上的一致性，但是从狭义上来说，他们并非绝对的一脉相承的同一个民族，而是不同时期生活在松花江流域东至大海这一广大地域范围的部落。

2. 女真与靺鞨

——女真人就是靺鞨人吗？

北齐时期以后，在史书的记载镇南关，"靺鞨"之称逐渐取代了"勿吉"。《旧唐书》记载"靺鞨，盖肃慎之地，后魏谓之勿吉"，这里的靺鞨实际上并不包括渤海靺鞨。在《新唐书》的记载中，就将靺鞨清楚地分成黑水靺鞨和渤海靺鞨两部分。靺鞨是多个部落的总称，《隋书》中明确记载了靺鞨分为七部：粟末部、伯咄部、安东骨部、拂涅部、号宝部、黑水部、白山部。这七部各有酋长，互相之间不统属，其中黑水部势力最强。据《隋书》记载，自拂涅以东是古肃慎系，以西的地方则不是肃慎之地。这说明靺鞨的称谓包括了古肃慎系也包括了其他部落在内，所以靺鞨与肃慎之间并没有直接的继承关系。《旧唐书·靺鞨传》中记载靺鞨分为几十个部，有很多部落还没有列出详细的名称。靺鞨的活动范围非常辽阔，《旧唐书》记载："东至于海，西接突厥，南界高丽，北邻室韦。"靺鞨诸部之间的差异较大，发展程度很不一致，各个部落之间并未形成一个统一的民族共同体，仍处于部落群的阶段。并且靺鞨诸部中有些部落臣属于高句丽，有些部落附属于突厥。后来，这一现象发生了变化，随着高句丽的灭亡，靺鞨迎来了兴盛的契机，尤其是势力较强的两个部落——渤海靺鞨和黑水靺鞨逐渐壮大起来。

粟末靺鞨原本依附于高句丽，唐王朝灭高句丽之后，粟末靺鞨的首领祚荣便率领部众迁徙到营州安置。渤海靺鞨是粟末靺鞨在 7 世纪末建立的地方政权，又称为"震国"。李尽忠，契丹大贺氏部落首领，唐王朝封其为松漠都督。公元 696 年，李尽忠和他的妻兄万荣杀死了营州都督赵文翙，是为李尽忠叛乱。当时，粟末靺鞨首领祚荣和白山靺鞨首领乞四比羽也在营州，参加了李尽忠的叛乱。叛乱发生后，武则天派兵讨伐李尽忠，同时攻击乞四比羽和祚荣。祚荣善于用兵，击退了唐军，由于山地阻隔，唐军无法追击。祚荣便率部众据守在东牟山，建立渤海政权，自称震国王。从此，渤海政权就成为了靺鞨中势力较强的一支，直到被契丹所灭。渤海政权一直存续了两百余年。据《旧唐书》记载，渤海靺鞨"在营州之东二千里，南与新罗相接。越熹靺鞨东北至黑水靺鞨，地方二千里，编户十余万，胜兵数万人"。可见渤海靺鞨在唐中期统领着十几万户人口，掌管几万人的兵力，这在靺鞨诸部中是较为先进的。《新唐书》记载了渤海靺鞨丰富的物产，诸如鹿、猪、马、布、锦、铁、稻等。从物产的种类上来看，渤海靺鞨的农业和手工业都有了很大程度的发展。唐中宗即位后，遣使招抚祚荣。唐睿宗年间，又派朗将崔忻前往渤海靺鞨封祚荣为渤海郡王。此后，渤海政权每年都派遣使节朝贡，作为唐王朝的藩属国，与唐王朝建立了政治往来。渤海政权积极学习中原文化，尤其是其政治制度，设五京、十五府、六十二州，并设文武百官，此外还推崇儒家思想。

再说黑水靺鞨。狭义的黑水靺鞨指的是靺鞨诸部中势力强大的黑水部。《旧唐书·靺鞨传》中对黑水靺鞨有专门的记载，称黑水靺鞨在最北方，尤为强劲，经常为患邻境。《旧唐书》所记载的黑水靺鞨指的应为靺鞨中的黑水部。而在《新唐书》的记载中，黑水靺鞨的范围扩大，除了黑水部之外，还将郡利、窟说等部也归入了黑水靺鞨。《新唐书》所记载的黑水靺鞨应为靺鞨的泛称。黑水靺鞨的风俗习惯与勿吉大致相同。黑水靺鞨在其最强盛的时期，分为十六个部。在贞观年间，黑水部归附于唐王朝。之后唐玄宗封黑水部首领倪属利稽为勃利州刺史。后来由于渤海政权强大，黑水靺鞨臣属于渤海。

女真的名称为中原王朝所知应该是在唐贞观年间。据史料记载，靺鞨来朝贡的时候，唐太宗向其询问靺鞨的风俗时，了解到了女真。但女真并未与中原王朝建立直接的联系。之后女真见于史籍是由于契丹兴起之后频繁进攻女真。据《旧五代史》记载，公元926年，耶律阿保机率兵进攻女直、渤海。渤海政权为契丹所灭，渤海人就向南迁徙。黑水靺鞨就迁徙到渤海故地生活，开启了黑水靺鞨的辉煌时代。之后，在史籍中，女真和黑水靺鞨常常同时出现，这意味着女真并不是直接替代了黑水靺鞨。女真开始向中原王朝朝贡是在五代后唐时期。在中原政权的眼中，女真是黑水靺鞨的一部。从史籍记录来看，女真与黑水靺鞨有着密切的联系，《金史》记载："金之先，出靺鞨氏。"有些学者认为女真中的生女真就起源于黑水靺鞨中的一部。也有学者认为女真并非起源于黑水靺鞨，而是起源于渤海政权所控制的靺鞨部落。还有学者从音韵方面考证女真乃"肃慎"的异译，认为女真实际上是古肃慎的延续。这几种主张各有其依据。由于中原地区很早就形成了统一的民族——汉族，因此古代史家在修史之时也往往用中原的既成民族观来认识东北地区的人民。但是，生活在东北地区的部落众多，互相之间的关系复杂难辨。在山野密林中的众多部落往往各有头领，没有形成一个较大的统一民族。某一部落势力强大之后便可自行与中原王朝联系，进行朝贡。而当这个部落衰落之后，它与中原王朝之间的联系便中断了。以肃慎为例，史籍中对它的记载往往时断时续。我们认为，辽代的女真指的是东濒日本海，南界高丽，西接渤海、铁离，北近室韦这一地带的众多部落和部落联盟。而在这一广大范围生活的部落是由靺鞨、渤海遗民以及其他部落共同构成的，他们在种族和语言上具有一致性，并且不断地碰撞融合，到了金代，女真才真正形成一个统一的民族。

1 女真族的构成

2 生女真部族的分布和社会结构

3 生女真与辽政权

我们通过第一个问题对女真族的由来做了解析。如果要追根溯源的话，女真族的缘起应该上溯到古肃慎人。由于游牧部落特殊的社会机制——部落众多，各有其长，不相统属，造成了东北各个部族关系错综复杂。生活在山野密林中的部落往往各自为政，它们的势力往往此消彼长，某部落势力强大后就开始展开与中原王朝及其他政权之间的往来。我们发现，随着这种政治和经济交流，与中原王朝有较密切联系的部落，它们的经济和文化发展就要优于其他部落。东北地区的游牧民虽然在语言和风俗习惯上极为相近，但由于部落之间并未形成一个统一的社会结构，因此他们并不是完全意义上的民族，而是尚处于部落群或部落联盟的阶段。换句话说，女真族与肃慎、挹娄、勿吉、靺鞨之间的关系并非简单的替换式继承，它们实际上在长时段的历史进程中经历了部落间的碰撞和融合。在宋辽时期，女真族呈现出快速发展的态势，并且由生女真完成了统一。金朝建立之后，女真的民族融合过程加快，最终形成了女真族。我们第二个问题就来回顾女真兴起的历史过程。

1. 女真族的构成

——女真称谓的出现；生女真和熟女真

我们前文提到"女真"这个称呼最早在唐代贞观年间为中原所知，这在《文献通考》中有明确的记载。而女真最早见于史籍记载是在《辽史》。公元903年的春天，契丹进攻女真，俘获了三百户女真人。当年的11月，契丹再度大规模入侵女真，将讨奚、霫诸部及东北女真悉数破获。在《辽史》中最早所记载的女真实际上并非女真的全部，而仅仅只是位于契丹东北部的渤海扶余府一带的女真部落。这一部分女真构成了辽初女真族群的一部分。辽灭渤海之后，渤海主体部落向南迁徙，然而还有一部分发展水平较低的部落仍然留在渤海故地，这一部分人也被称为女真。除此之外，向南迁徙的黑水靺鞨也被称为女真。这三种人群共同构成了女真族群。而女真族是以黑水靺鞨为主体发展起来的。据《旧唐书·北狄传》记载，黑水靺鞨的社会组织结构分为十六个部落，又分南支和北支。黑水靺鞨的这种社会组织结构导致了多个集团的产生。

我们从时间线上再对女真的发展做一梳理。女真的发展与契丹有莫大的关系。而在此之前，先讲述契丹兴起的背景是十分必要的。契丹原本是北魏末期西北地区的一支游牧民族。契丹在唐朝时期向唐王朝称臣，但随着契丹势力的增长，反叛时有发生，但都被唐王朝镇压了下去。这种反叛—镇压的历史情节反复上演，契丹终于在唐代末期迎来了曙光。随着黄巢起义的爆发，大唐政权摇摇欲坠，在中原王朝行将崩溃之际，契丹摆脱了之前的部落化的政治秩序，开始崛起。契丹迭剌部的酋长通过与回纥萧部联姻拓展了自己的势力，再加上习得了冶铁技术，使部落迅速地走上了富强的道路，尤其是农业获得了快速的发展。这位酋长的儿子耶律阿保机于901年继承了迭剌部的首领之位，紧接着便向中原边境地区发起进攻。仅仅数年时间，耶律阿保机进攻了突厥和女真，掳掠了大量的牲畜和人口。

这些征服来的资源让耶律阿保机的政治地位发生了质的变化。906年，耶律阿保机自立为契丹皇帝，916年定了年号并且封自己的长子为太子。契丹逐渐开始了由一个部落联盟向一个集权国家的转变。之后，也就是在耶律阿保机的晚年，他将征伐的目标对准了渤海政权，最终在死前成功征服了渤海。

契丹征服渤海之后，就强行将渤海的大族人口南迁进入辽的土地。渤海空虚，黑水靺鞨便向南迁入渤海旧地以寻求更加优越的生活环境和资源。这部分人也被契丹称为女真。而在契丹建立辽之后，女真便与辽建立了朝贡关系。随着女真势力不断壮大，辽便对女真进行迁徙和制度化的行政管理，以达到分化其势力的目的。迁徙之后，女真人的活动范围扩大，并且相距甚远，这导致了女真内部产生了大量的分化。据考证，从唐末到辽初这一时期，黑水十六部演变成了三十部姓女真；完颜部内部分化为十二部；蒲察分化为七部等。在快速的分化态势之下，女真内部集团林立，势力众多。再加上女真仍维持较大程度的散居形态——在一望无际的旷野之上，仅仅零星分布着几十户人家。女真的一个村寨的人口规模大概在百余户人家，户与户间隔甚远，居处杂乱毫无规划也没有城郭，各户在适宜放牧的位置随意散居，这也是游牧民族的生活特征。但是，纯粹自由的游牧实际上是极端的状态，游牧民也有特定的社会组织，辽朝就将熟女真编入了辽籍进行管理。契丹本身就是一个游牧民族，对于女真人的生活习惯以及社会组织十分了解，因此，在之后辽对于女真的统治就创造性地设置各属国大王府，对各部女真进行管辖。通过史料记载，我们可以发现女真由于生活环境的恶劣非常贫困，而且缺乏一个统一有效的政治组织，但是他们善于骑射并且练就了勇猛的骑兵。女真畜牧的马匹以及精锐的骑兵，无疑将为契丹带来经济和军事上的收益。契丹将一部分女真人纳入了其管辖体系，编入了辽籍，这些女真就被称作"熟女真"。而在一些偏远地区没有编入辽籍的女真则被称为"生女真"。

在辽代，女真的活动范围大致在东濒日本海，南至鸭绿江，向西至辽河、太子河流域，向北到黑龙江中、上游地区。女真在辽代的范围之大、人数之众，早已远远超过了肃慎、挹娄、勿吉甚至是靺鞨诸部。女真具有共同的语言和风俗习惯，他们的文化特征一致，并且极易与其他族群区分，在外族群看来他们有共同的起源和历史。在这一时期，女真凭借着其明显的排他性的特征逐渐被视为同一个族类。虽然概括来讲，女真具有相当多的共同特质，但在其内部却存在着相当大的差异。显然，东北地区长期的游牧部落之间互不统属的"传统"也在辽代的女真中得到了延续。女真的活动范围非常辽阔，内部分支彼此之间的距离颇为遥远，各个分支间又各不统属，导致了女真内部纷争不断，自相残杀的现象时有发生。所以，辽代的女真并非铁板一块拥有普遍的民族认同感，实际上此时的女真还只是属于同一族类的人群。因此，在认知与识别女真族群的时候，人们往往要对其进行分类。宋将女真分为生女真、熟女真、黄头女真和东海女真。女真在与辽建立朝贡关系的同时，与高丽之间也多有往来。高丽按照女真的地理位置将其分为东女真和西女真，东女真指的是长白山三十部和蒲卢毛朵部女真，西女真指的是鸭绿江女真。而契丹由于长期和女真接触，对其认识就更加细致，将女真分为南女真、北女真、黄龙府女真、顺化国女真、曷苏馆女真、鸭绿江女真、长白山女真、滨海女真、生女真等。契丹在建立辽之后对女真进行了不同程度的管理。而在《金史》的记载中，将女真简括为熟女真和生女真，分类的标准为是否系辽籍，编入辽籍的为熟女真，不入辽籍的为生女真。熟女真内部又包含了许多的支系。

名称	活动范围	来源	辽的管理
南女真	今辽南一带	迁徙	设南女真国大王府及南女真汤河司，下设卢州、归州、苏州、复州、镇海府等州府
北女真	今辽宁北部	迁徙	设北女真国大王府及北女真兵马司，下设银州、辽州、双州、同州、肃州、安州、能州、韩州、郢州、龙化州等
曷苏馆女真	今辽阳、鞍山一带	由辽迁徙女真强宗大姓而来	设曷苏馆女真国大王府管辖
鸭绿江女真（五节度熟女真）	鸭绿江流域	女真自高句丽灭亡之后逐渐迁徙至此	设鸭绿江女真大王府管理
乙典女真部	今辽宁法库、彰武一带	迁徙	隶属南府，也在辽州郡之下管辖

续表

名称	活动范围	来源	辽的管理
黄龙府女真	今吉林农安一带	契丹将部分女真人迁徙到此地，包括罗涅河女真、斡忽女真、急赛女真	设黄龙府女真部大王府
奥衍女真部	今蒙古乌兰巴托西北	由北府管辖的女真戍户，迁徙而来	隶属于北府
顺化国女真	吉林海龙、柳河一带	投降辽的女真部落	设女真国顺化王府

概括来说，熟女真生活在辽东半岛和辽河流域。熟女真又被称为"系辽籍女真"，由于他们加入了辽朝各个州县的户籍。葛苏馆女真是最早成为熟女真的一支。早在辽建国之前，耶律阿保机就征服了葛苏馆女真，并将其迁移到辽东半岛。其实，在契丹建辽之前，就已经有数千户女真迁入了辽阳以南地区。葛苏馆女真也是熟女真中反战水平较高的一支。辽朝专门设葛苏馆女真国大王府对其进行管辖，授予葛苏馆女真部族首领没有实际职务的官号。另外，辽朝还设置地方官署详稳司管理葛苏馆女真国大王府事务。葛苏馆女真要对辽朝履行赋税缴纳和兵役义务。一旦辽朝遇到战事，需要储备军力的时候，便会统

计曷苏馆女真的户数，按户充兵。曷苏馆女真除了狩猎和放牧之外还进行农业耕作，他们的农业水平较高，农业在曷苏馆女真的社会经济中占有相当部分的比重。不过曷苏馆女真并不向辽朝缴纳田亩税，而是以岁贡的方式缴纳马匹和土产，每年的岁贡马匹达数万之多，土产则包括人参、白附子、茯苓等珍稀药材。辽朝对南女真、鸭绿江女真、北女真以及黄龙府女真也采用此种管理方式。虽然在熟女真中，此类管理方式较为严格，但是相比较辽朝的州县来说，各女真国大王府仍然有相当的自治权力。辽朝对于熟女真的统治只到大王府这一层，而对于基层的管理则束手无策，因此，实际上女真国的基层仍然保留着其传统的社会组织形式。这样来看待辽朝对熟女真的统治，就可以清晰地将其列为是一种羁縻统治。

辽朝对于长白山女真、顺化国女真、回跋部女真等则采取相对松散的管理方式。这些女真位于长白山以及松花江上游的山林地区，依然保留着较为原始的游牧状态，狩猎和放牧是他们主要的生产方式，农业则很落后，与他们的祖先一样善于骑射，逐水草而居。这些女真同样被编入了辽籍，也设大王府管辖，并对归顺辽朝的女真部首领授予官号。这部分女真也要向辽朝纳贡，贡品主要是马匹。除了纳贡之外，这些女真还承担着一定的维持辽朝边疆稳定的责任，当辽朝遭遇巨大战事的时候也需要出兵，至于出兵多少并没有严格的规定，不像曷苏馆女真之类必须按户征兵那样严苛。

辽与女真之间的贸易交流的规模也不容小觑。为了便利辽与女真各部之间的贸易，辽在边地州府专门设置市场。女真以其本地的药材、马匹等土产来与辽的铁器、农产品等物资作交易。除此之外，辽地的商人可以进入女真大王府进行贸易。频繁的互市通商使得女真与辽之间的经济和社会交流更加紧密。

2. 生女真部族的分布和社会结构

生女真是生活在黑龙江流域的女真部落，与熟女真的区别是不系辽籍。《金史》开篇就记载了生女真的来历："五代时，契丹尽取渤海地，而黑水靺鞨附属于契丹。其在南者籍契丹，号熟女直[①]；其在北者不在契丹籍，号生女直。生女直地有混同江、长白山，混同江亦号黑龙江，所谓'白山黑水'是也。"最初，生女真部落在粟沫水以北、宁江州以东的千余里范围内活动。与熟女真相比，生女真的生产水平较为落后，突出的表现就是生女真还没有掌握冶铁技术，而系辽籍的熟女真接触到了契丹的生产经验，已经学会了冶铁。冶铁技术对于生产水平的提高

① "女直"即"女真"。

尤为重要，铁器工具的普及可以显著促进农业发展。而铁制武器装备则可以大大提高作战能力。所以能否冶铁是判断一个社会生产水平高低的标准。除了不会冶铁之外，生女真和熟女真的生产方式也存在着差异。尽管他们都属于既有渔猎畜牧又有农耕的混合式经济，但是生女真居住在山野密林中，他们的生活环境异常恶劣，气候寒冷山地林木密布，不似平原适宜大规模的耕种而只能种些谷类和麻，因此肉类依然是他们的主要食物。辽河流域是东北地区地势平坦的平原，居住在平原的熟女真部族很快地发展了农业和大规模的畜牧业。而生女真则较大程度地延续了游牧的生活方式，冬季穴居，气候转暖后则逐水草而居。渔猎仍然是生女真主要的生产方式。和这样的生活习性有关，生女真各个部落分处各地，各有其长。虽然各个部落间距离甚远，但是生女真自有一套由血缘关系衍生出来的内部社会结构。生女真是以黑水靺鞨为主体发展而来的，黑水靺鞨内部分为十六部，又有南支和北支之分，这是在血缘关系之上而形成的部落集团。契丹灭渤海之后，黑水靺鞨南迁，初始的十六部集团开始急剧分化为三十部姓女真，即便同一姓氏集团内部也开始出现分化，如完颜部分为十二部。

　　《金史·世纪》中追记了完颜部始祖的传说。金始祖函普在六十岁高龄由高丽来到仆干水完颜部，通过调停完颜部与其他族人之间的争斗而获得了成为完颜部人的机会。函普所居住的完颜部与另一族人素来交恶，长期争斗不止。有一个完颜部人就对函普说："若能为部人解此怨，使两族不相杀，部有贤女，年六十而未嫁，当以相配，仍为同部。"函普便对与完颜部交恶的族人提出了解决方案：杀一个主要闹事的部人，并且由完颜部以马、牛、黄金等物作为赔偿。函普的主意被欣然接受，两部之间的斗争平息下来，并且约定以后若再出现杀人事件，便令杀人的部落向受害部落赔偿二十匹马、十头牛、黄金六两，并且征偿一口人。"杀人偿牛马三十"的赔偿方式成为了女真族的一项约定俗成的法则。之后，函普迎娶了完颜部女子，并且生了两个儿子、一个女儿，成为了一个完颜部人。由于女真人无文字，金始祖的故事通过口口传说的方式流传下来，不能视作确凿的史实来看待，但是这些传说也展现了生女真的社会结构。始祖传说中记录的三兄弟分别发展成独立氏族似乎向我们展现了女真早期分化的景象：当氏族发展到一定规模的时候，随着后裔的不断扩大，便会分化出新的氏族。

女真社会的内部结构包含了家、族、宗、部四个不同的层级。"散居"是游牧族群特有的居住方式，与中原农耕地区聚居的村落形式不同，生女真各户之间的间隔较远，以族寨为基础的居住单位，每一族寨包括一个或两个族帐（氏族），每个族帐大概由三五十家组成。不同族而有共同谱系的为宗，生女真的传统是儿子成人之后就分处各地，因此同宗之间不聚居。族之上是部，由一个族或多个族构成一个部，一个部往往是居住在同一范围内超越了血缘关系的若干个组聚集而成。在生女真的观念里，血缘关系并非结成联盟的必要因素，从别处移居到本族的人是可以被接受的甚至可以成为本族的一分子。居住地相近、联姻以及同宗关系都可以让不同族的生女真人产生族群认同，并进而结成联盟。例如七水部集团就是由完颜部人娄室迁徙到雅挞濑水与拿邻、麻吉等部结成的联盟。也就是说，生女真的社会结构其实已经超越了封闭的血缘关系，可以通过地缘和同宗、联姻等方式来构成新的族群共同体，这奠定了后来完颜部之所以能够完成生女真统一的基础。

生女真人保持逐水草而居的游牧生活方式，居处地分散，往往由同一血缘部落分化为多部，散居各地。概括来说，生女真主要包含完颜部、徒丹部、纥石烈部、乌古论部、乌林达部、加古部、仆散部等。

名称	居住范围	备注
完颜部	最初主要一支由仆干水迁至按出虎水。分十二部，散居于松花江两岸	未来金政权的王室中心
徒丹部	分十四部，散居各地	人数较多，频繁与完颜部通婚
纥石烈部	分三十部，散居各地	内部征伐不断，势力较大，对完颜部产生威胁
乌古论部	分十四部，散居在绥芬河、图们江、珲春河一带	
乌林达部	散居在牡丹江流域	
加古部		善铁工
仆散部	散布在生女真和高丽之间	
含国部	居住于乌苏里江上游	
鳌故德部	散布在生女真与五国部之间，约在今松花江与黑龙江汇合处	

除表格所列之外，生女真还包括蒲察部、唐古部、裴满部、斡勒部、泥庞古部、奥纯部、兀勒部、秃答部、斡准部等，散居在黑龙江流域。

3. 生女真与辽政权

——辽对生女真部落的管理和统治

  契丹灭渤海之后不久便开始了对于生女真的统治，从理论上来讲，生女真是辽的属国、属部。生女真正式加入辽朝的属国、属部体系是由一个颇为偶然的历史事件而引发的。在生女真的东北部还有一个五国部，五国部并不属于生女真，而是分布在熟女真和生女真之间的一个部落群。五国部的主体部分包括蒲奴里、越里笃、奥里米、越里吉、剖阿里，此外尚有一些小部落。五国部并非生女真人，他们的语言以及风俗习惯都和生女真不同，仅仅在地理位置上与生女真相邻。五国部很早就处在了辽的控制之下，每年都要向辽朝纳贡。五国部盛产一种俊鹰，名为"海东青"，体型小而俊健，善于捕鹅鹅。契丹贵族有放鹰捕猎的嗜好，非常喜欢海东青，要求五国部每年都要向辽朝进贡海东青。由此，辽朝将五国部到产鹰之地的道路称为"鹰路"。后来五国蒲聂部节度使拔乙门反叛，鹰路受阻，辽朝计划征讨拔乙门，先派遣使者通知生女真完颜部。完颜乌古乃担心辽一旦征伐蒲聂部，完颜部必难逃兵患，便劝说辽使者可用计谋取之，如果动兵则路途险阻，难以在短时间内平定，辽听取了完颜乌古乃的意见。完颜乌古乃假装与拔乙门交好，擒获了拔乙门并将其交给辽朝。辽给完颜乌古乃以丰厚的赏赐，并且让他担任太师（女真部族节度使）。①从此以后，生女真部落加入了辽朝的属国、属部体系。但是完颜乌古乃坚持不肯让生女真人系辽籍，不得不说完颜乌古乃是一位极具前瞻性的领袖，随着官署纲纪的逐渐完善，完颜部势力逐渐壮大，许多部落如斡泯水蒲察部、泰神忒保水完颜部、统门水温迪痕部、神隐水完颜部等都主动归附于完颜部。完颜部联盟的力量由此开始逐渐壮大。

---

① 见《金史·世纪》："既而五国蒲聂部节度使拔乙门畔辽，鹰路不通。辽人将讨之，先遣同干来谕旨。景祖曰：'可以计取。若用兵，彼将走保险阻，非岁月可平也'"。

　　既然成为了辽朝的属国、属部，那么向辽朝进行朝贡就成为生女真必须履行的义务之一。辽朝规定生女真每年都要觐见辽皇帝。辽朝延续契丹旧俗，采用"四时捺钵制"①，生女真节度使每年要到春捺钵朝见辽朝皇帝。除了贡献方物以外，生女真还承担着向辽朝进献海东青以及维持鹰路畅通的任务。海东青的产地其实是五国部，五国部虽说是辽朝的属国，但是经常发生叛乱，鹰路时常被阻断，因此辽朝每年都要强迫生女真人夺取海东青，可见契丹贵族对于放鹰捕猎的嗜好之非同一般。完颜乌古乃就曾为疏通鹰路与五国部叛辽部落发起战争。但是，生女真每次去五国部求海东青都免不了一场死战，这直接引起了生女真人对辽朝怨愤。生女真还要向辽朝贡献北珠、马匹等物品。据记载，有一次，生女真贡献的马匹竟然达到了万匹之多，这对于生女真来说无疑是一项沉重的负担。天祚帝继位后，崇尚奢靡的宫廷生活，尤其喜爱生女真地所产的北珠。辽东海

---

　　①四时捺钵制是契丹的一种风俗，根据四季变换逐水草而渔猎。建辽之后依然沿用此种风俗，约在圣宗时期，四时捺钵制正式成为一种制度，建立了固定的捺钵（行宫）（春捺钵、夏捺钵、秋捺钵、冬捺钵），除了皇帝游猎的功能以外，还成为了会见南北属国节度使，处理政事的中心。

湾盛产北珠，最适宜采北珠的季节在十月，然而东北地区十月已经非常寒冷，需凿破一尺多厚的冰面才能捕到珠蚌。采北珠需要生女真人付出常人难以承担的惨重代价。除了进贡方物以外，生女真还要寻找优秀的猎人帮助辽朝围猎。每年秋天，辽朝皇帝都要转移到秋捺钵进行围猎。生女真人派遣来的猎人就要随从而去，"呼鹿、射虎、搏熊"等危险的狩猎活动都是由生女真人来完成。实质上，生女真进献的"猎人"也就是契丹主子的奴隶。

除了要求生女真进行朝贡之外，辽朝还频繁进攻生女真部族，劫掠大批牲口据为己有，马匹数目可高达二十几万，还掳掠生女真人作为辽朝的奴隶。辽朝的掠夺无度由此可见一斑。辽朝每年都要派遣"天使"佩戴银牌到东北边疆进行巡视，到了生女真必招美丽女子相陪。契丹对生女真妇女的侮辱令其部族异常不满。辽朝官吏对生女真人饱含蔑视，甚至当面羞辱生女真部落的酋长。据《辽史·天祚帝纪》记载，在一次"头鱼宴"上，天祚帝命令生女真各部酋长轮流跳舞助兴，完颜阿骨打再三推辞最终没有跳舞。阿骨打的表现令天祚帝十分不满甚至想要杀了他。辽朝的这些侮辱性的行为严重激化了生女真与辽之间的矛盾。

辽朝在边地府州设置专门的榷场，作为辽与生女真各部进行贸易的场所。生女真带来北珠、人参、松子、白附子、蜜蜡、麻布等土产进行交易，以交换粮食等生活所需的手工业品。府州人往往歧视生女真人，经常压低价格，甚至发生私自拘打生女真人的行为，这样的行为被称为"打女真"。榷场贸易的确为生女真的经济发展提供了机遇，但是"打女真"的行径严重伤害了生女真人，受到压榨、欺侮的生女真人与辽之间的矛盾日趋严重。

契丹自626年吞并渤海政权之后就将生女真纳入了属国、属部的朝贡体系之下。生女真坚持不系辽籍，这为日后生女真的统一做好了铺垫。相对于熟女真，生女真人保留了较大程度的自治性。完颜乌古乃、阿骨打等人虽然具有辽朝所授的节度使官职，但是完颜部明显没有成为辽朝的忠实臣民，始终保有一定的离心力。而契丹势力挤压进一步助长了这一离心力——当受到政治压迫、经济掠夺以及人身侮辱之时，生女真各部之间的民族认同感被激发和催化。然而随着生女真对辽朝的政治组织模式的认识加深，他们逐渐明白仅仅凭借生女真散乱的部落现状是无法与辽朝进行抗衡的。

问题三：
大金是
游牧民族政权吗？

1 完颜部的发展历程以及生女真的统一

2 猛安谋克制度的产生与演变

3 金代文化的变迁及其特点

自完颜乌古乃任生女真节度使之后，完颜部励精图治日益壮大，最终结束了生女真部落散乱的状态，完成了生女真诸部的统一。生女真由一个原本隶属于契丹的落后民族一举完成了统一，并且灭亡了辽，建立起大金政权，这毫无疑问是一次奇迹般的壮举。生女真是一个游牧民族，这一点是确凿无疑的，那么他们建立的大金政权是否也是一个游牧政权呢？这个问题看似简单，其实包含着十分复杂的内涵，我们不能简单地就建立政权的主体民族的性质而断定其政权性质。要回答这一问题，我们需要对金代的政治制度进行一番考察。而仅仅掌握金代的政治制度的性质也是不够的，我们还要进一步认识金代的文化特征。因为一个政权在其时代的文化特质是其政权性质的外在表征。了解了这些内容之后，我们才可以对金政权的性质做出明确的判定。而在此之前，让我们把目光拉回到完颜部崛起的历史时间中，重新回顾完颜部统一生女真、奠定大金基业的壮丽史诗。

1. 完颜部的发展历程以及生女真的统一

——石鲁、乌古乃兴起；金世祖劾里钵奠定基业；金穆宗盈歌统一生女真

金朝的文献对于完颜部的祖先们做了相当详细的追述性记载。金朝的统治氏族都在1137年左右被追封为皇帝。这种"追封"是中国历史上常见的一种现象。皇帝的家族背景在史书中呈现出了跌宕起伏的厚重历史感。金朝文献对于完颜部祖先的记载也具有这样的特征：为皇帝制造了一部宏大壮阔的家族兴起史。需要指出的是，由于女真族并无文字，史书中对于金朝始祖的记载具有传说的性质。但通过梳理，我们仍能看到完颜部完成统一生女真统一壮举的历史线索。

金始祖函普时代，生女真完颜部居住在仆干水一带，到了

献祖绥可时代，完颜部迁徙到按出虎水一带，在这里完成了由游牧到定居的过渡。据《金史》记载，献祖时期生女真人"耕垦树艺，始筑室，有栋宇之制"。在此之前，完颜部一直保持着传统的游牧生活方式，没有房屋，冬天栖身在洞穴里，夏天则逐水草而居，随时都处在迁徙的途中。献祖带领完颜部迁徙到按出虎水，普及农耕，修筑纳葛里（房屋），自此完颜部开始了定居生活。

献祖在生活方式上带领完颜部前进了一大步。而到了献祖的儿子昭祖石鲁时期，完颜部就开始了法度上的改革。生女真没有自己的文字，也没有文书契约，无法进行有效的管理。石鲁想在政治上有一番作为，他极力地推行改革，要在完颜部"立条教"。石鲁的大胆举措令保守的部落首领感到十分的忧虑。为了阻挠改革，对石鲁不满的部落首领甚至擒住石鲁要杀了他。命悬一线之际，石鲁的叔叔劝阻了拿着屠刀的部落首领，石鲁才得以逃脱。石鲁开始推行条教，改革了法度，完颜部在有效的政策治理之下逐渐增强了自身的实力。但此时的法度改革仍然只限于完颜部，其他众多的部落对于石鲁的条教制度依然怀着强烈的防备态度，拒绝接受石鲁的改革。石鲁为了扩大势力范围，便前往青岭、白山一带进行招抚。所谓的招抚其实就是对顺从的部落予以抚慰，对不服的部落则用武力讨伐。石鲁所到达的苏滨、耶懒一带都取得了极大的胜利。石鲁通过改革法度对外扩张势力的做法取得了显著的效果，但同时也遭遇了反对力量的对抗。最终石鲁在返回完颜部的途中感染恶疾而死。法度改革使完颜部的实力快速地增强，石鲁进一步扩大了完颜部的影响力，为完颜部统一生女真诸部拉开了序幕。

从金始祖函普到昭祖石鲁，完颜部已经传到了第五世。由于女真人直到11世纪中叶依然没有文字，甚至完全不知道历法，而且没有官府之类的行政管理机构，因此对于第六世之前的历史在很大程度上是女真人的传说，由于没有确凿的文字记载，我们没有办法对诸部长乌古乃之前的历史其按照确切的时间进行追溯。生女真诸部真正地联合起来并且向"国家"这样的政治组织形式进行过渡是在乌古乃时期开始的。

乌古乃是石鲁的儿子，金始祖的第六世。据说乌古乃生得孔武有力，有勇有谋，且嗜酒好色，食量惊人，人们称他为

"活罗"。① 乌古乃在其父亲奠定的基础上进一步发展完颜部的势力，东起长白山北至五国城的广大区域都成为了完颜部的势力范围。此时的乌古乃一方面取得了辽朝的信任，另一方面又购置大量的铁和铁制品，用来制造武器壮大自己的武装力量。完颜部的崛起必然遭到了许多部落的不满。随着军事实力的增长，乌古乃积攒了实力铲除了生女真内部反对完颜部的势力，为完颜部最终统一生女真扫清了道路。

乌古乃与辽朝之间的周旋是其一生中颇为值得称道的事迹。"是时，辽之边民有逃而归者。及辽以兵徙铁勒、乌惹之民，铁勒、乌惹多不肯徙，亦逃而来归。"② 当时有一些辽朝的边民前来归顺生女真。之后辽朝用武力逼迫铁勒、乌惹迁徙，不愿迁徙的铁勒、乌惹也来归顺生女真。辽朝便派遣曷鲁率兵追捕逃民。乌古乃便用计谋化之："兵若深入，诸部必惊扰，变生不测，逋户亦不可得，非计也。"乌古乃说服了曷鲁，将一场兵祸悄然化

---

① 活罗：北方的一种鸟，汉语为"慈乌"："状如大鸡，善啄物，见马牛橐驼脊间有疮，啄其脊间食之，马牛辄死，若饥不得食，虽砂石亦食之。"载《金史·本纪》。

②《金史·本纪》。

解。后来，五国部蒲聂部节度使拔乙门叛辽，鹰路被阻断。辽朝计划对其进行讨伐，先派遣同干告知乌古乃。乌古乃再次显示了自己的政治谋略："可以计取。若用兵，彼将走保险阻，非岁月可平也。"一场危机又被化解。乌古乃假装与拔乙门交好，用他的妻子子女作为人质，最终俘获了拔乙门，将他交给了辽朝。乌古乃凭借自己的智慧和谋略声名鹊起，甚至还受到了辽帝的召见，并且被封为生女真节度使。乌古乃虽然接受了生女真节度使的封号，但是拒绝加入辽籍，这也显示出乌古乃并非真正想要归顺辽廷，而是想要借助辽朝的倚重来扩大完颜部的实力，他的真正目标就是完成生女真的统一。可以看出，当时乌古乃所领导的完颜部实力壮大，再加上乌古乃被封为生女真节度使，辽朝对于生女真诸部的干预实际上都需要通过乌古乃的支持，这也从侧面反映出完颜部已经成为了生女真诸部的核心力量。但此时，生女真无论在政治制度上还是在军事上，都难以抵抗辽朝政权，乌古乃仍然需要小心谨慎地侍奉辽帝。因此，每当鹰路不通的时候，乌古乃就需要率兵讨伐，承担起疏通鹰路的责任。但是，每年需要进献辽朝的大量贡品对于生女真来说是难以承受的沉重负担，尤其是盛产海东青的五国部时常发生反抗辽朝压迫的事件。之后，五国没撚部谢野叛辽，鹰路再次被阻断。乌古乃只得率兵镇压，击败了谢野。但是在返程的时候，乌古乃受到了伏击，最终病重而死。

乌古乃以杰出的政治谋略取得了辽朝的信任，借机积蓄完颜部的实力，并且认识到若要完成统一，增加军事力量是首要的基础，因此大量购买铁器用以制造武器。除此之外，乌古乃为人宽容，喜怒不形于色，仗义疏财，慷慨助人，这样的性格赢得了部众的信任。这也是乌古乃时期诸多生女真部落慕名归顺完颜部的主观因素。因此，乌古乃能够顺利地在完颜部推行纲纪，创建了基础的政治组织。然而这仅仅是生女真统一大业的开始。

生女真有一个特殊的风俗：儿子长大后就要离开家庭去别处生活。到了乌古乃的第二子劾里钵成年的时候，乌古乃认为劾里钵"有器量智识"，便命令他与哥哥劾者同住。乌古乃死后，劾里钵继承了女真部节度使，但是他从亡父手里接过的是一个处在内忧外患双重危机之下的部落。劾里钵察觉到他的叔叔跋黑意图谋反，便不让跋黑领兵，只让他做部长。失去兵权的跋黑诱使桓赧、散达、乌春、窝谋罕暗中密谋叛乱，一时间许多部落纷纷反叛劾里钵，部落里面流言四起："欲生则附于跋黑，欲死则附于劾里钵、颇剌淑。"潜伏的谋反者悄悄积蓄力量，最终由乌春首先发起了叛乱。《金史》中记载了乌春的这次并未如愿的叛乱。乌春率兵发起了战争，适逢十月寒冷的冬季，连续下了几天几夜的大雨，结冰的道路阻挡了乌春的进军，乌春最终率兵撤退。虽然乌春的叛乱未能成行，但是桓赧、散达也趁机举兵叛乱。劾里钵派遣自己的弟弟颇剌淑率兵抵抗，但最终失败。劾里钵亲自率兵南下焚烧了桓赧、散达的家。劾里钵想要尽快结束战斗，便派遣使者议和，桓赧、散达提出了索要大赤马、紫骝马的条件，最终议和失败。之后桓赧、散达聚集了几个部落的势力再次发起了大规模的进攻。桓赧、散达所聚集的军力在劾里钵之上，面临劲敌，劾里钵的军吏在上战场之前已经恐惧得面无人色。劾里钵清楚地知道这将是一场殊死搏斗，甚至跟自己的弟弟穆宗盈歌安排了身后事："今日之事，若胜则已，万一有不胜，吾必无生。汝今介马遥观，勿预战事。若我死，汝勿收吾骨，勿顾恋亲戚，亟驰马奔告汝兄颇剌淑，于辽系籍受印，乞师以报此仇！"[1]劾里钵从容地稳定了军心，并且亲自上阵杀敌，带领军吏取得了胜利。桓赧、散达的叛乱以失败而告终。

之后，劾里钵又平定了斡勒部人杯乃的叛乱，擒获了杯乃并把他献给了辽朝。此时，生女真诸部对于劾里钵的离心力量依然非常强大。可以说生女真统一的过程贯穿着血与火的暴力斗争。纥石烈部的腊醅、麻产四处掠夺牧马扩张自己的势力。经过反复的角力，劾里钵最终镇压了腊醅、麻产的叛乱。劾里钵的一生经历了此起彼伏的叛乱，但他凭借着智慧和胆识不仅平定了叛乱，还强化了完颜部的实力，奠定了完颜部统一生女真大业的基石。

劾里钵死后，他的弟弟肃宗颇剌淑继承了生女真部族节度使。这一时期，颇剌淑的儿子乌雅束与阿骨打接过了先辈的旗帜，率兵围攻麻产并将其擒获。之后，阿骨打又平定了庞泥古部的叛乱。

---

[1]《元史·本纪》。

肃宗在位三年后去世，其弟穆宗盈歌担任了部落联盟长。这一时期，反对完颜部的势力依然在不断涌现，例如在穆宗为辽朝疏通鹰路的时候，纥石烈部阿疏起兵反抗，挑起了纥石烈部与完颜部之间的斗争。穆宗率兵围攻阿疏城，阿疏与其弟弟向辽朝求助。辽朝此时在生女真各部之间扮演着居间调停的角色，遣使阻止完颜部攻城。穆宗命令完颜部军士换上阿疏城内的衣服，向辽使谎称此乃内部争端，最终进攻了阿疏城。后来，乌古论部集结了三十五部发动了一次大规模的叛乱。完颜部兵分四路平定了这场叛乱，至此，反对完颜部的离心势力基本被铲除。

穆宗盈歌基本上完成了统一生女真诸部的大业，主要的标志就是废除了诸部长的"信牌"。之前，生女真诸部拥有凭借信牌发号施令的权力。信牌制度的废除意味着生女真诸部都要听从完颜部的统一指挥，同时标志着生女真诸部统一的完成。

在穆宗盈歌时代，完颜部对辽朝的态度开始发生微妙的变化，这种变化始于穆宗替辽朝平定叛将萧海里。1102年，萧海里叛辽，率部逃往女真，并且派遣使者至完颜部，意图联合穆宗共同反辽。穆宗没有接受萧海里的策反，亲自率兵迎战，最终由阿骨打率领骑兵击杀了萧海里。在完颜部看来，叛辽的萧海里之战斗力显然是占据下风的，而区区一个萧海里就让辽朝如临大敌，反而要依靠女真人的势力去平定。经此一役，完颜部对于辽朝的实力有了新的认识。完颜部首领自从乌古乃开始就被辽朝封为生女真族节度使，但是一直不肯系辽籍，这种处理方式使得完颜部既能依仗辽朝的势力号令生女真诸部，又能不完全受制于辽朝的控制。萧海里之事让完颜部了解了辽朝此时的真实状况：一个危机四伏的政治腐败、战斗力低下的王朝。在平定萧海里的同时，穆宗趁机募集了千名甲兵。正是由这千名甲兵所组成的部队让完颜部足以与辽朝相抗衡。

穆宗死后，康宗乌雅束成为部落联盟长。康宗凭借着完颜部愈加强大的军事力量，平定了与高丽之间的边界纠纷。越来越多的部落纷纷归附完颜部。康宗死后，阿骨打被推举为部落联盟长。1115 年，阿骨打称帝，建立大金政权。从《金史》所记载的始祖函普时代开始，完颜部经过数代人的经营，实力不断壮大，最终完成了生女真部落的统一，并且建立了金政权。从族群特征上来看，完颜部确实属于游牧民族，这一点是确凿无疑的。但需要指出的是，阿骨打称帝建元的行为实际上标志着生女真完成了由部落向封建国家制度的转变。同时，国号"金"源自于完颜部的故乡——按出虎水。在女真族的语言当中，"按出虎"的意思就是"金"。阿骨打称帝不但定了国号，还取了一个颇有意味的年号"收国"。除此之外，阿骨打还给自己取了一个汉族名字，叫做"旻"。这一切迹象似乎表明阿骨打所建立的金政权正在主动地模仿中原王朝的形制。

既然金政权的建立具有诸多学习中原王朝的表现，那么我们据此可以推断出阿骨打对于中原王朝的政治制度和文化特征已经有了一些了解。这些了解和决策是通过被阿骨打重用的一位谋士——杨朴。杨朴本来是渤海人，考取了辽朝的进士，官至校书郎，后来归附女真，成为了阿骨打的谋士。[1] 杨朴向阿骨打献策，采用中原王朝建国时的做法，并认为阿骨打不应该仅

---

① 《大金国志》卷一载："杨朴者，辽东铁州人也。本渤海大族，少第进士，累官校书郎。高永昌叛时，降女真，颇用事。是冬，阿骨打用杨朴策，始称皇帝，建元天辅，以王为姓，以旻为名，国号大金。"

仅满足于成为女真人的统帅，还应该有更为高远的志向——成为拥有"天下"的皇帝。阿骨打也一一采纳了杨朴的建议，这也似乎表明大金政权的汉化其实是金朝统治者乐于接收甚至是主动推进的。

2. 猛安谋克制度的产生与演变

——军政合一、寓兵于农的制度；完颜阿骨打建立金政权时正式创立；立国之本，促进农业生产

猛安谋克制是女真族创设的一种军政合一、寓兵于农的特殊制度，蕴含着女真族政治组织形式的特征。我们要回答金政权是否为游牧政权，对猛安谋克制的产生和演变进行深入的考察是不可或缺的。

起初，猛安谋克是女真族在部落联盟时代的一种社会组织，《金史》记载："金之初年……其部长曰孛堇，行兵则称曰猛安谋克……猛安者，千夫长也。谋克者，百夫长也。"① 谋克的产生要

———

① 《金史》卷四十四《兵志》。

早于猛安。具体来说，谋克就是一种基层村寨组织。这种组织脱胎于氏族组织，但是相对于氏族组织来说，打破了血缘关系的壁垒，它是由数个村寨不同家族所组成的。在一个谋克之内，土地公有，而且集政治、军事、经济为一体。谋克中的成员既是民也是兵，当有战事发生的时候，便准备好武装粮饷出征上阵，战争结束之后就从事畜牧农耕。这是一种在游牧民族间常见的组织形式，在古时雅典、罗马、契丹、蒙古都曾经出现过。猛安谋克制的产生和当时女真族的族群特点和发展状况有着很大的关联。女真族进行着牧农结合的混合生产方式，生产力较为低下，并且依然维持着散居的生活方式，人口较少。在这样的社会状况之下，实行寓兵于农的组织形式既能保证兵员的充足，又能保证生产，而且粮饷能够依靠谋克成员自筹，这为部落联盟节省了大量的军费开支。也就是说，实行谋克制对于女真族来说是一件一举多得的事情。事实上，猛安谋克的早期战斗力是非常强大的，是横霸东北地区的一支骁勇善战的军队。猛安谋克在完颜部统一女真的过程中发挥了重要的作用，成为了阿骨打建立大金政权的立国之本。

以上是猛安谋克出现早期的情况。猛安谋克制正式创立为一项政治制度是在阿骨打建立金政权的时候。《金史》记载："至太祖即位之二年……始命以三百户为谋克、谋克十为猛安。"① 这个时候的猛安谋克制与"户"建立了联系，具有了更加明确的政治管辖作用。相比于早期的猛安谋克按人来划分，此时的猛安谋克制是按照区域和户来划分的。这也从侧面说明了阿骨打建立金政权以后，女真人实际上已经从之前的散居状态逐渐开始转向定居。这种生活方式的转变预示着金政权成立后，女真族正在发生着一场巨大的社会变革。

变革首先表现在土地关系上。金政权建立以后，猛安谋克户依照国家分配土地的方式进行生产和居住。而在金灭辽、灭北宋以后，土地所有制开始复杂化，除了猛安谋克户的国家分配土地关系之外，还包括汉族原本的地主土地所有制。从长期趋势来看，猛安谋克式的国家分配土地制度逐渐消亡，到了金世宗时期基本完成了向封建土地所有制的转变。

①《金史》卷四十四《兵志》。

金政权成立初期，土地性质分为官田和私田两种形式。除了有主的私田外，一切土地都归官田。官田起初主要用来分配给猛安谋克户进行屯田耕种。但是这些分到了土地的猛安谋克户贪慕奢侈的生活，天天饮酒游宴，无心耕作，不是把土地租给汉人耕种收取地租，就是任其荒芜。《金史·食货志》记载："山东、大名等路猛安谋克户之民，往往骄纵，不亲稼穑，不令家人农作，尽令汉人佃莳，取租而已。富人尽服纨绮，酒食游宴"。由此一来，猛安谋克尽失往日之"战时为兵，闲时为农"的作用，生活方式愈加懒惰奢靡，土地租金收入难以为继，战斗力也丧失殆尽。

金世宗觉察到了这一问题的严重性，自 1167 年开始，金世宗在十几年的时间内对猛安谋克制进行改革和重建。金世宗严令禁止猛安谋克户出卖土地、奴婢，禁止酗酒游宴，鼓励猛安谋克户亲自从事耕种。1175 年，金世宗再次确定了猛安谋克的户数："每谋克不过三百，七谋克至十谋克置一猛安"。[①] 两年后，

---

① 《金史》卷四十四《兵志》。

对猛安谋克的继承制度做了新的规定，允许猛安谋克调任别职，并且嫡长子继承需年满 25 岁。之后又对戍边政策进行了严格的管制。1184 年，金世宗命令诸王分领猛安，意图加强猛安谋克的核心领导力。金世宗做出这样的举措其实是想挽救猛安谋克的战斗力，寄希望于猛安谋克军维持金朝的统治。但是，金世宗对于猛安谋克制度的改革并没有收到预期的成效。不光金世宗的改革收效甚微，在他之后的几位皇帝也一样着力挽救猛安谋克制度，但是猛安谋克户依然无法改变懒惰、畏战的面貌，以前那支战无不胜的猛安谋克军已然成为了历史。再加上猛安谋克户不事农桑，以前粮饷自筹的制度也化为泡影。有些分到贫瘠官田的猛安谋克户甚至无法维持生计。为了维持军费开支，金政权只得向民众收取"免役税"，这更加剧了汉人统治区域的社会矛盾。不管金政权统治者如何扶持、改革，都无法避免猛安谋克制度即将走到尽头的结局。

到了金宣宗时期，猛安谋克已经濒临崩溃的边缘。猛安谋克内部出现了贫富差距，而且分化程度越来越大。造成贫富差距的原因主要是屯田制度受到了封建土地制度的冲击。金政权给猛安谋克分配土地时没有将土质差别考虑在内，有些猛安谋克分到了富饶的土地，有些猛安谋克则没有那么幸运，分到了贫瘠的土地。女真族原本就不擅长耕种，分到贫瘠土地的猛安谋克就愈加贫穷。酗酒风气席卷了整个猛安谋克内部，生活方式的腐化导致他们荒废了军事训练，战斗力丧失。

在早期的猛安谋克制度中，军官和士兵同吃同住，一起过着朴素的生活。而在金政权建立后，随着屯田制的推广，猛安谋克内部贫富分化严重，凝聚力已然溃散。金世宗及以后的几位皇帝虽然非常关注贫困的猛安谋克户的生活，通过把他们迁移到富饶的土地上，令其聚居等等措施予以救抚，但是却无法阻挡猛安谋克终将崩溃的命运。宣宗时期，将猛安谋克迁到河南自保，原有的屯田已经丧失了，他们赖以生存的经济基础崩塌。猛安谋克军制混乱，军官的数量多过士兵，每谋克仅有25人，军官所获得的军饷是士兵的数倍。军事指挥混乱，士兵不听调遣。到了蒙古入侵的时候，猛安谋克已没有能够作战之人。金政权只好募兵来扩充兵源。

猛安谋克制为金政权的建成立下了汗马功劳，可是当金灭北宋之后为何迅速地衰落下去了呢？我们知道，金政权建立之时，中原王朝的经济文化早已发展至较高水平。金政权灭北宋开始统治汉人区域的时候就面临着巨大文化差异所带来的困境。事实表明，金政权在汉人区域也施行猛安谋克制的做法是行不通的，这是由于中原王朝已经发展至较部落联盟高一级的封建社会阶段，不具备实施猛安谋克制的社会条件。而低水平的文化一旦与高水平的文化相交流，往往会被同化，这是文化交流的一般规律。同样，猛安谋克也很快就出现了汉化的趋势，虽然金政权统治者做了多方面的努力以维持女真本民族的特性，但是文化交流融合的潮流是不可逆转的。猛安谋克户由于自身拥有国家所分配的土地，已经摆脱了过去的散居游牧的生活方式，进入到了定居农耕生活方式的新阶段。然而由于猛安谋克并没有养成世居农耕的习惯，也没有形成如同农耕民族日出而作、日落而息式的土地情结，土地对于猛安谋克户来说仅仅是一个赚取利益的工具，因此他们宁可出租给汉人也不愿亲自去耕作。租佃关系是在汉族土地制度中孕育出的土地关系。女真人在汉化的过程中接受了租佃关系，这必然导致女真人旧有土地制度的瓦解，也就是说"聚族而种"的生产方式受到冲击。女真人在氏族部落时期所建立起来的以血缘关系为纽带的家族组织面临解体。因此，猛安谋克的腐化和战斗力的丧失可以说是必然的。金政权统治者对于猛安谋克制度所做的挽救无异于刻舟求剑，因为历史是向前发展的，所以任何违反历史发展规律的制度终将被时代所淘汰。

3. 金代文化的变迁及其特点

女真兴起之初，才刚刚由氏族社会迈向奴隶社会，文化极为落后，直到建国的时候依然没有文字。无文字的状况给金政权的统治和外交带来了诸多困难，金太祖时期便命令宰相完颜希尹创制女真文字。1119年，完颜希尹在模仿汉人楷字和契丹大字的基础上综合女真语言创制出了"女真大字"。这种女真文字还被后来的满族人所沿用。金政权统治时期的通用文字出现了汉字、契丹字、女真字并存的状态。阿骨打在建立金政权之后即决定创制女真本民族文字，而不是直接借用汉字或契丹字，他的目的其实是为了维护女真族的特征。金政权统治者对于汉文化持有一种矛盾的态度，一方面希望学习中原王朝的先进制度、思想和文化以顺利地推行其在辽朝故地以及中国北方的统治；另一方面又惧怕自身民族特质的消失。这种矛盾也反映在金政权的文化政策上，既有诸如推行儒学、科举取士等学习汉文化的政策，也有严令宫廷之内必须讲女真语、女真人须学习女真语、禁止用汉名等政策，旨在维护女真民族文化。但是，女真的汉化是非常迅速的，自阿骨打建立金政权开始仅仅不到五十年的时间，到了金世宗统治时期，女真人就已经高度地汉化，他们的行为方式已经与汉人无异，甚至很多人已经忘记了女真语。

事实上，这种汉化在完颜阿骨打时期就已经开始了，他重用精通汉文化的辽朝文士如杨朴等人，为他入主中原的大业出谋划策。而到了他的孙子金熙宗完颜亶统治时期，便开始推广尊孔活动，建立太庙，在全国范围内推广儒学。金熙宗在幼年时期得到了韩昉（辽朝进士）的教导，对于儒学思想以及诗文非常感兴趣，"喜文辞威仪，早有大成之量……所与游处，尽文墨之士"。[1] 时人评价金熙宗为"宛然一汉户少年子"。[2] 金熙宗

---

①《大金国志》卷五。

②《大金国志》卷十二。

对于中原汉文化的兴趣达到了痴迷的程度，尤其热衷于模仿中原王朝的礼仪制度。据史书记载金熙宗在巡幸燕京的时候，"始备法驾，凡用士卒万四千五十六人，摄官在外。"①甚至仿照汴京宫城的样子在上京建造宫室。

海陵王也非常推崇汉文化，任用儒生张用直为帝师，向其学习儒学典籍。海陵王对诗词也极精通，一首《望江东赋》道尽了宏伟的政治抱负："万里车书一混同，江南岂有别疆封。提兵百万西湖上，立马吴山第一峰。"这首诗志向高远，气势恢宏，代表着金政权贵族的诗文水平，同时反映了海陵王已经完全接受了汉文化中的"天下观"，他的政治理想已经非常明确地指向了统一江南。1153年，海陵王终于将金政权的国都从上京迁到了燕京，在正式迁都之前，燕京已经进行了两年的皇宫营建。31岁的海陵王在燕京的宫殿中展开了他争夺华夏正统地位的政治野心。从此燕京成为了金政权的政治中心和文化中心。迁都使得女真族与汉族杂居，民族融合的程度加深，汉文化在

---

① 《金史》卷四十一。

女真族群中获得了广泛的传播和学习。如果说金熙宗时期对于汉文化的学习尚处在模仿礼仪制度、宫室建筑风格、建立太庙等这些表面的形式上，那么海陵王时期对于汉文化的学习则已经深入到了思想文化的精髓。不仅金政权的统治阶级几乎完全接受了中原式的生活方式和汉族思想文化，通过与汉人杂居和通婚，女真族人也几乎全盘汉化。

海陵王时期是金政权统治阶级推广汉文化的顶峰。到了金世宗时期则一改海陵王极力推行汉化的导向，转而重拾女真旧俗。正如前文所述，女真的汉化是不可逆转的，所以金世宗时期挽救女真文化的措施收效并不显著。晚年的金世宗将重振女真文化的希望寄托在他的孙子金章宗完颜璟身上。金章宗自幼接受了良好的汉文化和女真文化教育，他本人也十分酷爱汉文化，在书法、绘画、音律以及诗文方面均有极高的成就，可以称之为有金一代唯一一位文人雅士风格的皇帝。实际上，到了金章宗时期，汉文化在金代已经成为了主流文化，女真文化的颓势无法避免。尽管金章宗时期依然保持着"拜天射柳"等女真旧俗，但是女真文化已经丧失了主流文化的地位，仅仅作为一种对于即将逝去的故乡文化的追思式的符号而存在。

　　促进女真接受汉文化的因素是多方面的。从女真民族发展的角度来说，接受汉文化是使文化进阶最快捷的方式。我们知道女真族直到金政权建立之初都没有文字和历法，女真人也没有明确的纪年，以地上的草枯荣的次数来计算年岁，真可谓"无文字，无官府，不知岁月晦朔，是以年寿修短莫得而考焉"。[①] 在金政权灭亡北宋之前，女真人主要通过朝贡、马市、劫掠等途径接触到汉文化，但仅限于获得汉族的铁器、丝织品以及农耕和手工技术层面。到了金政权灭亡北宋之后，女真人开始正式进入到汉文化内部。汉文化中小农经济的生产方式、伦理道德观念以及社会组织制度对于来自于森林地区的女真人产生了潜移默化的深远影响。尤其是在海陵王迁都以后，通过与汉族的杂居和通婚，汉文化对于女真人的影响就更加深刻。从金政权统治阶级的角度来说，女真既没有纲纪法度，也没有君臣尊卑之分，这对于政权统治来说是非常不利的。而汉文化

①《金史》卷一《太祖纪》。

中的伦理道德观念和等级秩序对于刚刚建立的金政权来说具有很强的示范作用。据《金史》记载："金人之入汴也，时宋承平日久，典章礼乐粲然备具。金人既收其图籍，载其车辂、法物、仪仗而北……即会宁建宗社，庶事草创"。① 金政权入侵北宋京城的时候，劫掠了大量的典章礼乐书籍，并且仿照中原礼制建立了宗社，之后便开始尊孔崇儒。其实金政权统治者早在金太祖时期就深刻领会了儒学思想所起到的强大政治功用，儒家思想中的君臣秩序可以维护政权稳固，"仁义礼智信"等伦理道德观念可以规范民众的行为、维护社会稳定。因此金政权自建立之初始终积极采用儒士人才，希望依靠"文治"来巩固自身的统治。

事实证明，金代的文治取得了卓越的成果。元代以来的史家对于金代的文化评价极中肯，认为女真马背上得天下，凭借武力灭辽伐宋，独霸中原，这一点从本质上来说与辽朝无异，但是令辽朝无法比拟的是金代取得"列于唐宋之间"这样的成就，主要原因就是金代创造了相当可观的文化造诣，而不是依

①《金史》卷二十八《礼志一》。

靠武力。^①概括来说，金代虽然仅仅维持了百余年的统治，但是在思想、文艺、书法、绘画、雕刻、乐舞等方面的成就却令人赞叹不已。

金代的思想起初尊崇儒家思想，到后期以朱熹为代表的理学传入以后开始逐渐转向理学。在中原王朝，儒家文化可谓是源远流长，已经拥有了非常完善的哲学体系，它的内涵和外延都十分丰富。金代对于儒家思想的继承和学习的初衷是为了金政权的统治而服务的，因此更注重儒家文化中有助于统治的实践价值，这是金代儒家思想最突出的特征。对比金代列位皇帝的诏书可以发现一个饶有趣味的现象：金政权建立初期统治者还保有着非常强烈的女真族"天命观"思想，认为万物有灵，信仰天命和鬼神，如"拜天射柳"的习俗就是一种天命崇拜行为；而到了金熙宗时期所颁布的诏书诸如："盖变则通，而通则久。故用裕民，宜法古官，以开政府；正号以责实效，著仪而辩等威"，明显受到了儒家思想中变通圆融思想和礼仪制度的影

———————

①《金史》卷一百二十五《文艺传》载："金用武得国，无以异于辽，而一代制作，能自树立唐、宋之间，有非辽世所及，以文而不以武也。"

响；而到了金章宗时期，一切政治行为都以儒家思想为准绳了。这个现象不仅出现在统治阶级也出现于女真民众之间，女真人接受儒家思想也是循序渐进的。起初，女真人向汉人学习农耕种植技术。杂居之后，女真人开始学习汉语，取汉族名字，与汉人通婚逐渐成为普遍的现象。女真人对于汉文化的学习逐渐进入到行为规范、伦理道德等思想内核。

金代儒家思想的迅速普及与金政权注重教育有着很大关联。金代的教育呈现出有别于唐宋的特征：同时设置汉族学校和女真学校。金代在京城所设置的汉族学校国子学和太学是最高的学府，在各地也设府学、州学，培养了一大批精通儒学典籍的学士。金政权对于学校教育实施标准化的管理。各个学校所用的经书是统一由国子监印制并派发的。① 在这些学校里读书的学

①《金史》卷五十一《选举志一》载："凡经，《易》则用王弼、韩康伯注，《书》用孔安国注，《诗》用毛苌注、郑玄笺，《春秋左氏传》用杜预注，《礼记》用孔颖达疏，《周礼》用郑玄注、贾公彦疏，《论语》用何晏集注。邢昺疏，《孟子》用赵岐注，孙奭疏，《孝经》用唐玄宗注，《史记》用裴骃注，《前汉书》用颜师古注。《后汉书》用李贤注，《三国志》用裴松之注，及唐太宗《晋书》、沈约《宋书》，萧子显《齐书》、姚思廉《梁书》《陈书》、魏收《后魏书》、李百药《北齐书》、令狐德棻《周书》、魏征《隋书》、新旧《唐书》、新旧《五代史》，《老子》用唐玄宗注疏，《荀子》用杨倞注，《扬子》用李轨、宋咸、柳宗元、吴秘注。"

生面临着严格的规定和激烈的竞争，据史料记载，他们每三天要写一篇策论，之后三天要写一篇赋和一首诗，三个月一小考，主要考试的内容是赋和策论，取前五名上报礼部。①

除了官办学校以外，金代仍然有大量的私塾在发挥着教书育人的作用。私塾大多坐落在城郊或乡野之间，与官办学校相比具有很高的自由度，成为了科举落第之士的最佳归宿。赵质，字景道，是辽朝大臣赵思温的后人，曾于金世宗时期参加科举考试落第。落第后的赵质便开始了隐居生活，在京城城南开办私塾。后来，金章宗曾经莅临赵质的私塾，对其大加赞赏并想赏赐他做官，然而赵质却不愿做官，宁愿在私塾中度过一生，正如他所言："臣僻性野逸，志在长林丰草，金镳玉络非所愿也。"② 平阴人王去非与赵质有着同样的境遇，同为科举失意的他也隐居家中成为了一名教书先生。③ 除了科举落第之外，同样选择以私塾为业的还有厌倦科举考试的郝天挺，元好问曾经跟随

---

①《金史》卷五十一《选举志一》。

②《金史》卷一百二十七《赵质传》。

③《金史》卷一百二十七《王去非传》。

他学习。还有博学多闻的杜时升，厌倦了仕途，自愿隐居在嵩、洛山中，很多人慕名而来，拜师学习。所以，私塾在金代作为官办学校的补充起到了一定的教育功能。

金代还开设女真学校是从金世宗时期开始的。1164 年，金政权颁行了用女真文字翻译的经书，又从猛安谋克中选拔良家子弟三千人为学生。五年后，从猛安谋克学生中选拔优秀者百人到京城，由精通经史的女真编修官温迪罕缔达亲自教学。之后又开设了女真国子学，各地也设置女真府学。金世宗开设女真学校的初衷是为了重振女真文化，使女真后人有机会学习女真文字，学习汉人的经典史籍。女真学校的开设在很大程度上提高了女真人的文化水平，使女真人摆脱了金政权建立之前的无文字、无法度、不知纪年的蒙昧状态，实现了文明开化的转型。

金代的科举制度主要继承了唐宋旧制，起初只有汉人参加科举考试。金代初期，科举考试分为两种形式：词赋进士和经义进士。词赋进士考试的内容包括赋、诗、策论；经义进士考试的内容包括经义、策论。1123 年，金太宗继位的当年进行了第一次科举考试。金太宗推行以汉人治汉人的政策，急需大量人才管理新归附的汉人区域，于是在第二年举行了两次科举考试。直到海陵王统治时期，科举制度渐趋完善。科举制度对于金政权统治者和金政权统治区域的汉人都是有益的。科举所选拔的汉人人才为金政权在汉人区域的统治提供了保障。科举制度也成为了当时中国北方读书人的一条上升通道。虽然在金代，有很多重要的官职是由女真人世袭而得的，但仍然有很多汉人通过科举考试踏上了仕途。

办学校和兴科举为金代的文化发展起到了很大的作用。虽然金代的科举制度早在金政权的第二位皇帝继位之初就开始展开，但是由于金政权早期的连年战争，中国北方地区长期陷于动荡之中，导致金代早期的文化成果乏善可陈，金世宗统治时期所维持的长期和平稳定的时代背景使得文化出现了复苏，汉人、契丹人以及女真人当中都涌现了一批学者。虽然整个金代的文化成果无法与唐宋相比肩，甚至不如同一时期的南宋，但是从长时段的历史发展来看，金代仍然将中国的传统文化保存并延续了下来。

在儒学思想方面，金代最著名的学者之一就是赵秉文。赵秉文，字周臣，磁州滏阳（今河北省磁县）人。赵秉文博闻强记，"读书弱夙习"，于1185年等进士及第，是金代后期文化界的领军人物，与杨云翼共执文坛牛耳，时人并称"杨赵"。赵秉文一生中著述颇丰，"自幼至老未尝一日废书，著《易丛说》十卷，《中庸说》一卷，《扬子发微》一卷，《太玄笺赞》六卷，《文中子类说》一卷，《南华略释》一卷，《列子补注》一卷，删集《论语》《孟子解》各一十卷，《资暇录》一十五卷，所著文章号《滏水集》者三十卷。"[1]赵秉文的思想发端于儒家思想中的孔孟之道，他在《滏水文集》中探讨了世界的本源以及人性的本体，他认为"大中"是超越一切物质的形而上的精神，人应该通过修养使人的性情与"大中"相一致。

金代在文学方面的成果直到金代后期才出现了繁荣的景象。金代进行的长期的伐宋战争，为金代的汉人带来了极大的伤痛，并且形成了一种广泛的社会心理。但是在金政权的高压统治之

---

[1]《金史》卷一百十《赵秉文传》。

下，汉人中的知识阶层没能在诗文中反映残酷的遭遇，造成了
金初诗文创作如同一片荒漠。很多金代前期的文人找不到表现
现实的出口，则转而研究经学章注。有金一代在诗歌创作上普
遍崇尚陶渊明和苏轼，早期多为因袭，难有创新，直到金代末
期才迎来了诗歌创作的高峰。

出生于 1190 年的元好问目睹了蒙古的占领和金朝的瓦解。
元好问于乱世之中成长起来，对于一个王朝的崩溃感同身受，
感觉到一个时代的末日即将到来。正是这种末日之感成就了元
好问的诗歌创作中的"丧乱"之感。正如《歧阳》之二：

> 百二关河草不横，十年戎马暗秦京。
>
> 歧阳西望无来信，陇水东流闻哭声。
>
> 野蔓有情萦战骨，残阳何意照空城。
>
> 从谁细向苍苍问，争遣蚩尤作五兵。

再比如《癸巳五月三日北渡》：

道傍僵卧满累囚，过去旃车似水流。

红粉哭随回鹘马，为谁一步一回头。

随营木佛贱于柴，大乐编钟满市排。

房掠几何君莫问，大船浑载汴京来。

白骨纵横似乱麻，几年桑梓变龙沙。

只知河朔生灵尽，破屋疏烟却数家。

　　诗歌中的破碎山河寄托了末世即将到来的绝望的家国情怀。元好问凭借着丧乱诗屹立于金元之间，被时人称为"北方文雄"。蒙古建立元朝，元好问拒绝了元政权入仕的邀请，他的气节契合了中国文人的传统精神，也使他成为了金元之交时中国北方的文化领袖。元好问在《中州集》的编纂中倾注了毕生的心血，他在这部文集中寄托了保存、传承金代文化的志向："不可令一代之迹泯而不传。"① 除了收集作品之外，元好问还为作者立传，《元史》编纂的过程中就收录了他所写的一些传记。

与唐宋文学相比，金代的文学创作呈现出了注重叙事以及通俗化的特征。金代的诗歌创作注重质朴率直、平淡自然，不避俗字俗语，哪怕是元好问这样的文学家也是如此。例如《同漕司诸人赋红梨花二首》中"可道海棠羞欲死，能红能白更能香"。金代文人所追求的以寻常语言作诗的创作倾向探索了俗文学的美学价值，尤其以散曲见长。金代散曲的兴起是与诗词的没落相一致的。金政权统治时期的北方文人深感民族危机的沉重与绝望，尤其是汉人中的知识阶层即便通过了科举考试仍然无法进入政治的核心，时代的创伤与仕途的无望使得他们的文学创作更为自觉，为了逃离诗词的诸多限制，金代北方文人另辟蹊径以散曲创作找到了新的出路。例如元好问《人月圆·卜居外家东园》中的"凭君莫问，清泾浊渭，去马来牛。谢公扶病，羊昙挥涕，一醉都休。古今几度，生存华屋，零落山丘"。

---

① 《金史》卷一百二十六《元好问传》。

散曲的押韵更为灵活，用口语化的写作方式更容易铺陈叙事。金代的散曲受到了女真文化的影响，是多民族融合过程中出现的一种特殊文学体裁，并且为元曲、元杂剧的发展奠定了基础。

金代的书法和绘画虽然不如南宋，但是也取得了一定的成就。王庭筠、赵秉文都是近代著名的书法家。金章宗沉醉于书法、绘画，热衷于收藏艺术品，并请王庭筠为其指导。金代的雕刻艺术也得到了很大的发展，留下了飞天玉雕等传世佳作，但是金代的雕刻多为工匠所作，很多作品都没有留下作者的姓名。金代是一个民族融合的时代，在戏剧和音乐等艺术形式中体现除了民族文化融合的特点。董解元的《西厢记诸宫调》在唐传奇《莺莺传》的基础上将文学创作与音乐、演唱结合起来，使故事具有了戏剧化的效果，在金代广为流传。

在自然科学方面，金代多因袭而创新之处绝少。在天文、地理以及中医方面出现了几部著作，但仍然是继承了北宋的科学成果，谈不上实质性的进步。女真特有的文化习俗丰富了中华文化，也为中原以及江南人民的生活带来了新鲜的体验。西瓜就是由金传入中原再传入南宋统治区的。据《松摸纪闻》记载，金代的"西瓜形如扁蒲而圆，色极青翠，变青，其爬类甜瓜，味甘脆，中有汁，尤冷"。任何文化的交流都是双向的，女真族在接受汉文化的同时也以本民族的文化特征影响着金代的北方汉人。

概括来说，金政权是由游牧民族女真所建立起来的一支少数民族政权。但是，随着金政权灭辽伐宋，成为了中国北方广大地区的统治者，这一过程中金政权继承了唐宋的文化成果，主动接受了儒家思想，并且继承和发展了科举制度和学校教育。从思想、文学、艺术等方面的成果来看，金代的文化呈现出明显的汉化特征。随着海陵王迁都以及女真人和汉人的杂居和通婚，女真人实际上已经失去了原有的游牧民族的自然环境，猛安谋克户的生产方式已经转型为农耕，并且在生活方式上与汉人已经没有太大差别。无论从生活环境、生产方式还是文化表征上来看，汉文化在金代占据了主流地位。因此，我们认为金代作为游牧民族建立的政权，在长期的民族融合过程中，接受了汉文化，将唐代和北宋时期的文化成果保存下来，并且为元代文化的发展奠定了基础。从长时段的历史发展来看，金代是中国民族融合过程中极为重要的一个时代。

1 统一女真民族的形成

2 金与辽的和谈

3 金兵追击辽帝天祚
镇压平州反抗
辽灭亡、西辽建立

1112 年，天祚帝在"头鱼宴"上命女真各部酋长跳舞助兴，酋长们滑稽地扭动着身体，令天祚帝捧腹大笑。唯独完颜阿骨打脸色沉郁，固执地不肯为天祚帝跳舞。此后，完颜阿骨打便不再听从契丹的诏令，开始谋划反辽大计，并且加快了统一生女真的步伐。两年后，完颜阿骨打正式起兵反辽。天祚帝最初认为这只是一场极易平息的叛乱，但是派去镇压的辽兵接连战败，再加上祸起萧墙，辽朝在内乱外患之下迅速走向灭亡。1115 年，完颜阿骨打在上京会宁府立国，国号"大金"。建国后，金用了十年时间将辽朝彻底推翻。女真人是怎样在短短十几年的时间中迅速由一个落后部落发展为独霸中国北方的一支强大势力的呢？

　　907 年耶律阿保机自立契丹"皇帝"开始，契丹原有的部落结构逐渐瓦解，一个模仿中原王朝建制的辽朝最终诞生。契丹经过了四十年时间的发展，成功地将势力范围拓展至华北地区，并且实施了富于创造力的二元统治体系（在草原地区沿用部落管理习惯，在华北地区沿用唐代的组织进行管理）。1009 年辽圣宗亲政时，辽朝发展至极盛，宋甚至以高额岁币为代价与辽达成"檀渊之盟"维持了百余年的和平。直到天祚帝继位以前，这是一个看似坚固的帝国。但是在金政权崛起之后，辽朝就迅速走向了崩毁。由女真所建立的金政权为何能够以小博大，在极短的时间内成功灭辽？我们将从统一女真民族的形成，金与辽之间的和谈与战争过程等方面探讨金灭辽的内在原因。

1. 统一女真民族的形成

——生女真的统一促进了女真民族的形成；阿骨打时期形成统治核心。

12世纪初的完颜部成为东北森林中的一颗耀眼的新星。穆宗盈歌完成了统一生女真诸部的大业，这胜利使他成为了生女真的一位卓越的统治者。不过，以完颜部为核心形成统一的女真民族共同体是在阿骨打的统治下完成的。这一女真民族共同体，包含了生女真诸部、熟女真以及原本不属于女真人的其他部落。完颜阿骨打凭借抗辽斗争的胜利迅速树立起了自己的声望和威严，渤海、熟女真以及其他部落的归附增强了猛安谋克的实力，他领导金政权以惊人的速度进行领土的扩张。

少年时期的阿骨打就已经在完颜部统一生女真的过程中上

过数次战场，他英勇善战得到了穆宗的器重。阿骨打依靠他的智慧和领导才能在一次危机应对中赢得了民心。1109 年，女真人遇到了灾荒，饿殍遍野，盗贼横行，民众生活艰苦纵使卖妻仍然不能偿债。当康宗与官署举行会议讨论应对之策的时候，阿骨打于众人面前将帛系在杖上作为旗帜挥舞，说："今贫者不能自活，卖妻子以偿债。骨肉之爱，人心所同。自今三年勿征，过三年徐图之。"[①]众人无不感慨而泣，阿骨打的名声和威望在女真人中传播开来。1113 年，康宗去世，阿骨打继任成为联盟长称"都勃极烈"。勃极烈制度是在女真部落社会和奴隶社会中发展起来的富于女真民族色彩的一种贵族政治制度。"勃极烈"意指掌握决策权的官员，勃极烈会议是部落联盟中最高决策机构，都勃极烈就是勃极烈会议的主持人。都勃极烈之称呼始于阿骨打。阿骨打对完颜部的组织体系进行了一系列具体的改革，这些改革使阿骨打成为了部落联盟中的核心，他所掌握的部落权力已经远远超过他的祖辈。但这仅仅只是开始，一个超越他祖

①《金史》卷二《太祖纪》。

先想象的女真政权即将建立。

　　成为都勃极烈的阿骨打迫不及待地展开他的政治抱负。完颜阿骨打是最具政治远见和开拓能力的女真领袖，他清楚地认识到抗辽是他巩固权力和壮大女真势力的必经之路。所以完颜阿骨打继位后第二年夏天就开始为抗辽做各方面的准备。这一年，完颜部的使者非同寻常地频繁前往辽朝，他们以索要阿疎为由秘密探查辽朝的动向。阿疎是女真的一位部长，多年前反叛女真逃到了辽朝。从辽朝回来的使者向阿骨打详细汇报了天祚帝的骄横和辽军的废弛。这些消息更加坚定了阿骨打反辽的决心。阿骨打开始积极地游说生女真各部的将领，希望能够说服他们加入到反辽战争中来。他首先寻求耶懒路完颜部的石土门、迪古乃兄弟的支持："我此来岂徒然也，有谋于汝，汝为我决之。辽名为大国，其实空虚，主骄而士怯，战阵无勇，可取也。吾欲举兵，杖义而西，君以为如何？"①辽朝自道宗时期开始就走向了衰落，到了 12 世纪初天祚帝继位后辽朝的统治已经危机四

---

　　①《金史》卷七十《石土门传》。

伏。女真人长期忍受着辽主的索贡和压迫，"辽帝荒于畋猎，政令无常"成为了当时女真人对于辽朝的普遍认识。石土门、迪古乃当即表示拥护乌古乃的反辽大计。完颜近支撒改也支持阿骨打。阿骨打的反辽计划得到了生女真部落的支持，随即召开了官僚会议，部署了抗辽计划。生女真开始修建城堡，布防要塞，准备武器。辽朝得知这一动向之后便接二连三地派遣使节询问。阿骨打仍以索要阿疎为辞，否则就举兵反抗。辽朝探明了阿骨打的反意，便调军驻守宁江州。阿骨打命使者聒剌前往辽朝索要阿疎，实则窥探辽军情报。聒剌回来说"辽兵多，不知其数"。阿骨打敏锐地察觉到了这其中的破绽：辽国才开始调遣兵力，怎能在如此短暂的时间内就调集到这么多军力呢？他又派遣胡沙保再去探查，终于探明辽军调集了统军司、宁江州军及渤海军共八百人。阿骨打想要先发制人，准备举兵。这年的九月，他集结了女真兵力约二千五百人在来流水（今吉林扶余县境内）举行了一场盛大庄严的祭天誓师仪式。阿骨打在誓师时颁布了奖励制度："有功者，奴婢部曲为良，庶人官之，先有官者叙进，轻重视功"。[1] 女真兵士气大振，向宁江州进发。阿骨打亲自上阵，射杀了辽将耶律谢十，乘胜围攻宁江州。攻城的过程异乎寻常的顺利，辽将弃城逃跑最终被女真部众歼灭。不到一个月的时间，阿骨打便率领女真攻破宁江州。首战告捷极大地鼓舞了女真的斗志，同时也让熟女真、渤海及其他部族看到了阿骨打的志向和能力。

阿骨打积极地争取渤海势力。他将俘虏的渤海将领梁福、斡答剌释放，让他们用"女真、渤海本同一家"的口号抚谕渤海人。阿骨打所提出的这个口号在族群渊源上使女真与渤海人建立了联系，这是促成女真民族共同体形成的重要基础。渤海原本是粟末靺鞨建立的政权，其经济文化水平领先于靺鞨诸部。后来渤海政权被契丹所灭，渤海遗民遭到了契丹的驱逐，迁徙到了如今的吉林、辽宁一带。长期遭受着辽朝强势压迫的渤海人逐渐生长出了反抗意识，随着辽朝的由盛转衰，渤海人的反叛也更加频繁。虽然渤海遗民中原本就有一些是女真人，渤海

---

① 《金史》卷二《太祖纪》。

人的生活习惯和语言与女真人也大致相同，但是他们起初并未打算归附阿骨打所领导的女真势力。这是由于渤海人的势力依然非常强大，尤其是在1116年高永昌举兵反辽，自称大渤海皇帝，希望带领渤海人重现荣光，恢复祖先建立的渤海国。高永昌所建立的渤海政权势力可以和女真、辽相比肩，他曾经攻占了辽朝的五十几个州。希望凭借一己之力反辽复兴的高永昌此时还不愿意归附阿骨打。对于阿骨打来说，争取渤海人加入到女真族群中来具有巨大的战略意义，这将会为反辽成功增加一个重要的筹码，而且是统一东北地区之必要环节。因此，阿骨打自抗辽之初就积极争取渤海势力的加入，他采取了诸多政策如推广女真族群认同意识、任用渤海人为官、与渤海人通婚等，目的在于获得渤海人的信任。事实上，阿骨打凭借着抗辽斗争的一次次胜利向渤海人证明女真是一支不可小觑的力量。由于高永昌的失败，渤海人依靠自身力量反辽复兴的希望宣告了破灭，便开始归附于女真，最终在金政权建立之后融入到了女真族群中。

与此同时，阿骨打又派遣完颜娄室招抚系辽籍女真。实际上，阿骨打对于熟女真的招抚早在举兵抗辽之前就开始了，他曾经让斡鲁古、阿鲁抚谕斡忽、急赛两路熟女真。熟女真与生女真原本就拥有着共同的族源，两者之间的区别仅在是否系辽籍，他们在语言、风俗习惯、生活方式上是一致的，因此熟女真和生女真之间的融合是水到渠成的。攻克宁江州仅仅一个月之后，辽朝派出了十万大军镇压女真人的反叛。但是这支大军在出河店战役中遭到了惨败，阿骨打率领的女真军创造了以少胜多的辉煌战绩。此战之后，女真军人数才过万。女真军势如破竹，攻克了东北大部分地区。辽朝大军的不堪一击使非契丹属国大失所望，与女真的强劲形成鲜明的对比，衰落的辽朝黯然失色。女真在节节胜利的同时释放出了极为诱人的招抚政策：归降的部落在其首领的率领之下编入猛安谋克，这意味着他们在归降之后仍然能够在女真的部落军制中享有一定的地位。兀惹、铁骊，斡忽、急塞两路熟女真纷纷归降。

自起兵反辽不到一年，完颜阿骨打在一次又一次的战争中开疆拓土，声名大振，一个新的帝国成为了女真人的共同愿景。《金史》对于金政权建立的记载十分值得玩味。出河店战役结束后，吴乞买、撒改、辞不失代表诸将领建议阿骨打于新年称帝，被阿骨打否定了。之后，跟随阿骨打左右的重要的谋士阿离合懑，将领蒲家奴、宗翰等人也试图说服他："今大功已建，若不称号，无以系天下心。"这一次，阿骨打默许了。①从史书的记载来看，似乎建立政权并非阿骨打个人的意愿，而是由于诸位将领的请愿以及当时的时局最终促成了金政权的建立。无论如何，1115 年正月，以完颜阿骨打为统治核心的女真政权正式建立。完颜阿骨打成为了金政权的开国皇帝，定国号为"大金"，改元收国。

收国，这是一个寓意丰富的年号，同时具有建国和开拓领地的双重意味。完颜阿骨打深知，与帝位之荣耀一同降临的还有取得抗辽终极胜利的艰难任务，他别无选择地必须继续对辽作战，取得领地来巩固刚刚诞生的政权。这不仅仅是完颜阿骨打个人的意志，而是整个女真民族的共同愿望。对辽朝的反抗，这个共同的意愿成为了生女真、熟女真、乌惹、铁骊等其他部落民族凝聚力的来源。

①《金史》卷二《太祖纪》。

登上帝位之后的第五天，完颜阿骨打就率兵直捣黄龙府（今吉林农安），途中攻占了益州，辽将逃往黄龙府，金俘虏了益州余民。接连的失败令轻敌的辽朝幡然醒悟，天祚帝紧急部署了边防，派骑兵20万、步兵7万到达鲁古城戍边，并让娄室、银术守卫黄龙府。完颜阿骨打率兵驻扎在宁江州西，积极备战。辽朝派使者前来议和，但是态度依然十分傲慢，在国书上谴责了阿骨打，并且仍称女真为属国。这场居高临下的议和显然没能奏效。阿骨打率兵逼近达鲁古城。女真军得知达鲁古城驻扎着数十万大军时露出了畏惧。阿骨打则镇定自若，他带领诸将登高观察辽军阵势，认为辽军虽然庞大，但是辽兵却有怯战情绪不足为惧，稳定了军心。他命令女真军分三路进攻辽军，在日暮时分已将辽军围困。黎明时，辽军冲出包围一路向北逃去。金军乘胜追击歼灭了辽军部卒，当时辽军原本打算在边境屯田，因此金军获得的战利品中有大量的农具。

　　到了这一年的夏天八月，完颜阿骨打率兵攻克了黄龙府。在此期间，受命招抚熟女真的娄室在抗辽战役中取得了多次胜利，辽北熟女真归附于他。金太祖便命娄室驻守在黄龙府。黄龙府乃辽朝军事重镇，具有重要的战略意义。黄龙府的失陷令天祚帝大惊失色，终于意识到金军的步步紧逼已经威胁到了辽朝的统治。天祚帝决定亲征。由《辽史》的记载来看，天祚帝亲征下诏"女真作过，大军翦除"，并且筹备了充足的军费，发放了数月的军粮，表明必胜的决心。[①] 天祚帝亲征的大军号称七十万，但历史学家们普遍认为只有十万。尽管只有十万，辽军的人数也远远超过了金军。金太祖完颜阿骨打明白此战将是胜者为王败者为寇的一场死战。最终，金军创造了以少胜多的战争奇迹。

辽朝如此庞大的军队为什么不能攻克金军呢？女真军的勇猛、团结是一个重要原因。除此之外，辽朝自身的统治危机也是一个重要的因素。辽军的节节败退也说明辽朝对于边疆防御已经失去了有效的控制。各个属国由于厌恶了辽朝严酷的压迫也纷纷归降了金政权。这些因素最终导致辽朝号称的七十万大军被轻而易举的击溃。

---

① 《辽史》卷二十八《天祚帝纪》。

1116 年，高永昌率领渤海人趁机举兵反辽，刺杀了辽东京留守萧保先，令辽朝的局势更加风雨飘摇。辽朝起初想通过和谈令高永昌投降，未果之后便派兵镇压。在辽军的猛烈进攻之下，高永昌只得向阿骨打求援，表示愿意与金政权一同抗辽。但是金太祖仍然秉持着"女真、渤海本是一家"的态度，认为渤海应服从于金政权的统治。显然，抗辽并非是完颜阿骨打最终的目标，他想要实现的是一个独一无二的统一政权。因此，高永昌意图保存渤海政权，这是完颜阿骨打不能允许的。之后，金军攻占了沈州（今沈阳），高永昌率渤海人归降。

金政权成立之后，随着抗辽战争的接连胜利，完颜阿骨打成为了东北地区最为耀眼的一位领袖。熟女真、渤海以及铁骊、兀惹、黄头室韦、达卢古部、靺鞨部、五国部、蒲卢毛朵部，甚至包括一部分契丹人和汉人等都加入到了女真族当中。民族融合是一个漫长的过程，随着金政权颁布了统一的文字、律法、制度之后，女真民族逐渐形成了共同的文化。女真民族的统一令金政权在短短数年间势力大增。完颜阿骨打通过优厚的招抚待遇和宽容的政策吸纳了各个部落、契丹贵族以及汉人归降。

猛安谋克的军制在金政权建立之初奠定了稳固的军事基础。总之，完颜阿骨打在抗辽的过程中出色地完成了民族融合、军事制度、奖惩原则、招抚政策等事项，而这些事项都是巩固新生政权的过程中必不可少的。这些都是金政权能够取得抗辽胜利的因素。

2. 金与辽的和谈

　　自从金军击溃了天祚帝亲征的辽朝大军之后的几年里，金辽之间没有再发生大规模的战争。众多部落纷纷归降于金，金政权均对其进行了妥善的安置。辽朝大军遭受重创之后，期望用和谈的方式解决冲突。或许此时的金政权也需要休养生息，总之从 1117 年开始，进入了为期 4 年的和谈时期。这几年，金、辽的使者携带着国书频繁地往来于两国之间。由于金政权在战场上获得了胜利，在和谈中也占据着主动地位。而连遭败绩的辽朝则不得不放弃往常的颐指气使，为了挽救濒临崩溃的统治，也为了争取缓兵时间，在和谈中不断做出让步。

　　《辽史》记载了 1118 年和谈中金回复的国书，金政权对辽开出了极高的条件："能以兄事朕，岁贡方物，归我上、中京、

兴中府三路州县，以亲王、公主、驸马、大臣子孙为质，还我
行人及元给信符，并宋、夏、高丽往复书诏、表牒，则可以如
约。"① 金政权提出辽朝要向金政权称兄，表明希望改变辽金之
间的关系，而且要辽朝割让东北的三路地区，让一位王子、一
位公主及一位驸马到金朝做人质，还要将辽对于金的服从写在
与宋、西夏和高丽的文书上。答应这些条件，才愿意与辽议和。
辽朝也低下了高傲的头颅，再次派遣使者希望能够与金达成折
中的共识。随即辽朝便拿着宋、西夏、高丽书诏、表牒使金，
表达了和谈的诚意。而金也降低了和谈的要求，免去了质子以
及上京、兴中所属州郡的割让，并且减免了岁币的数量，但是
唯独不肯放松让辽以兄礼对待金的要求。

1119 年的夏天，辽派遣使者为完颜阿骨打施行了册礼，册
封他为东怀国皇帝。辽朝的册封，意味着完颜阿骨打的个人地
位及其所建立的金政权从名义上取得了认可，这对于金政权的
发展具有非常重大的意义。但是辽朝的诏书《封金主为东怀皇

---

① 《辽史》卷二十八《天祚帝纪》。

帝册》令完颜阿骨打极为不满，并且拒绝了辽朝的册封。原因是这封诏书中的措辞仍然微妙而隐晦地传达出了辽朝对金政权的藐视。气愤的阿骨打又派遣使者前往辽朝表达了对于辽朝傲慢态度的不满：册封诏书全文中毫无和谈时提及的"兄事"两字，并且册封阿骨打为"东怀"皇帝而非"大金"皇帝，这是对于金政权的否定。金朝使者提出如若辽朝按照之前约定的内容重新拟定册文，才能接受册封。

此后，辽朝又派遣使者继续与金进行和谈，金始终坚持对于册文提出的条件，而辽朝依旧希望能够继续讨价还价，令完颜阿骨打勃然大怒，最终和谈失败。在4年的和谈期间，仍然有辽人陆续归降金政权。金政权也借此机会推行各项制度促进民族融合，并且颁布了女真文字，巩固内政的同时积极备战。但是辽朝却失去了备战的最后机会。

3. 金兵追击辽帝天祚　镇压平州反抗
辽灭亡、西辽建立

　　和谈破裂后的第二年三月，金太祖与群臣商议继续伐辽，开始整军备战，准备向辽上京临潢府（今内蒙古巴林左旗林东镇波罗城）发起进攻。阿骨打亲自率军抵达辽上京，他首先用招抚策略，但是上京城内的辽兵坚守城池不肯投降。最终在金军的围攻之下，上京城中的辽兵惨遭失败。值得玩味的是，此次战役中与完颜阿骨打一同观战的还有宋朝使节赵良嗣。赵良嗣曾经向宋徽宗献上了"联金灭辽"之策，这一计划直接影响了宋、金、辽之间的政局变化。可以说，赵良嗣在12世纪初的中国是一位极其关键的人物，他的故事我们之后还会再次提及。赵良嗣在目睹了金军攻克上京之后，写下了一首赞美完颜阿骨打的诗歌："建国旧碑明月暗，兴亡故地野风乾。回头笑向王公子，骑马随京上五銮。"① 辽朝的皇家陵园以及庙宇都在上京城内。上京的失陷对于辽朝来说是一次沉重的打击。

回师途中，金军遭遇了一支劲敌，辽将耶律余睹所率的部队在辽河袭击了金军，虽然金军最终险胜，但仍然损失了一员大将完颜特虎。耶律余睹乃是辽朝皇族当中的得力大将，并且具有力挽狂澜的勇气和才干，他向天祚帝请愿率军与金作战，曾经克复了金军攻占的龙化州。耶律余睹的这支辽军让完颜阿骨打十分忧虑，他认为这是最大的对手。早在进攻上京之时，阿骨打就曾对其进行招抚，但耶律余睹当时选择与金兵对抗。然而这位自愿护国的辽朝大将最终却归降了金政权。耶律余睹的归降乃是走投无路之后的无奈之举，他遭萧奉先诬陷结党谋逆欲立晋王，最终成为了辽朝皇族权力争夺的牺牲品。天祚帝听信了谗言，便欲杀耶律余睹。耶律余睹只得投奔金政权。

耶律余睹的归降，令完颜阿骨打感到十分欣慰。他命令官

---

① 陈述辑校：《全辽文》卷十一《上京诗》，中华书局1982年版。

署妥善安排，礼数备至，并且大排宴席迎接耶律余睹的到来。耶律余睹在金朝得到了厚待，也为完颜阿骨打提供了诸多辽军的情报。耶律余睹降金之后，辽朝的边疆防御濒临崩溃。再加上统治阶级内部的权力斗争愈演愈烈，天祚帝在边疆危机的应对上更加力不从心。辽朝的统治在内忧外患之下敲响了警钟。

1121 年的冬天，完颜阿骨打下诏伐辽，此后的战争已经不再是反抗辽朝的压迫，而是以"欲中外一统"为目标进行的统一战争。此时的辽朝军心涣散，金军似乎不费吹灰之力就顺利地攻克了辽朝的咽喉——中京（今内蒙古赤峰市宁城县内）。攻克中京的过程中，辽军已经不敢应战，唯有奚王霞未以诈降计顽抗，最终失败。中京失陷后，天祚帝携带亲眷逃往皇家狩猎场所鸳鸯泺（今河北省张北县境内），仅有五千卫兵相随。天祚帝杀死了晋王，这一行为激化了统治阶级内部的斗争。晋王在军中素有名望，他的死令许多将士心寒，并且对昏聩的天祚帝感到了失望。似乎从这一刻起，辽朝的国运就走到了终点。

完颜宗翰率兵攻克了北安州（今河北滦平西南）之后，继续进兵鸳鸯泺追击天祚帝。天祚帝在逃亡的途中发现竟然已经没有可以号令的军队，才幡然醒悟后悔听信了萧奉先父子的谗言。《辽史》的记载颇为详细，天祚帝说："汝父子误我至此，今欲诛汝，何益于事！"天祚帝的随从将萧奉先父子送给金兵，金兵斩杀了萧奉先的长子，萧奉先及其次子在被金兵押解的途中遇到了辽军，最终被辽军抢走并赐死。

辽朝气数将尽，许多守军投降金朝，但是局势并不稳固，归降之后再反叛的事情时有发生。1122年，辽西京（今山西大同）投降之后又反叛，宗翰等人率兵平定。战争发展到这一阶段，金政权已经占据了东北全境以及华北的一些地区，势力直达西夏边境。而辽朝失去了三分之二的疆土，只剩下沙漠以北的地区了。眼看大厦将倾，留守燕京的辽朝大臣决定废天祚帝拥立秦晋国王耶律淳建立北辽政权。他们建立北辽政权的本意是为了保存辽的残余力量，但是并未起到挽救辽朝命运的效果。北辽政权的建立在辽朝内部造成了轩然大波，整个辽朝已然分崩离析，诸大臣皆谋他途，有的归降了金朝，有的则打算投降宋朝。而天祚帝此时躲在讹莎烈，意图东山再起。

1122年的夏天，耶律淳在病榻之上听闻了天祚帝集结漠北蕃部的五万骑兵约定于 8 月进入燕京的消息，在惊惧之中病逝。耶律淳死后，北辽大臣立天祚次子秦王为帝，萧太后主持了国政。天祚帝依靠集结的辽兵以及谟葛失部的力量与金军继续展开战斗，但是均以失败告终。8 月，阿骨打抵达金兵大营白水泺，听闻天祚帝正在大鱼泺，便决定亲征，再次创造了以少胜多的战绩，但是未能捕获天祚帝。天祚帝再一次踏上了逃亡之路，在金军的追击之下辗转经过山西、河北及阴山一带。

与此同时，宋、辽、金展开了对燕京地区的争夺。其实，早在1118年金政权击溃辽十万大军之后，宋朝就开始派使节从海路抵金商议联合灭辽之事。经过了两年的谈判之后，宋金之间达成"海上之盟"：约定在灭辽后，宋朝将檀渊之盟给辽的岁币转给金，金则答应将燕云十六州还给宋朝。1122 年 4 月，童贯便率宋军进入燕京欲收复幽燕之地，但被耶律大石所率北辽军击败。两次攻燕京的失败使宋朝陷入了极为尴尬的境地。北辽政权萧太后向金政权乞求庇护。而童贯无奈之下向金政权借兵求援。如此一来，金政权便在燕京问题上占据了主动权。这一年的 11 月，阿骨打下诏招抚燕京民众，"王师所至，降者赦其罪，官皆仍旧"。① 金政权所颁布的这项招抚政策为燕京的辽官打开了一扇门。下了招抚诏一个月之后，阿骨打率金军攻燕京。金军迅速夺取了燕京门户居庸关。燕京城内的北辽政权惧怕金兵，分裂为两股势力弃城外逃，其中萧太后寻天祚帝，萧干率奚族势力自立奚国称帝。阿骨打的招抚诏起到了良好的效果，北辽统军都监高六等人率先归降。金军骑兵抵达城下的时候，北辽统军副使萧乙信打开城门迎降。金军进入燕京的过程似乎更像是一次凯旋。

占领燕京后，金政权立刻对燕京地区各州县的官员进行妥善安置，稳定统治权。到了1123年的2月，几乎所有的燕京地区的辽朝官员都来投降，金取得了燕京地区的实际控制权。这时，宋朝就"海上之盟"的约定要对燕云地区进行交割。后来经过谈判，金最终将燕京及附近六州交于宋。原本宋金之间就燕京地区问题已经达成了和解，但是平州张觉的反叛使宋金和平的局势发生了逆转。金军进入燕京之后，平州节度副使张觉

---

① 《金史》卷二《太祖纪》。

投降，金改平州为南京，命张举继续守南京。3个月后，张觉因不满金政权将大量燕京民众迁往平州而起兵叛乱，转投宋朝。金军平定张觉叛乱势力之时搜到了张觉与宋朝的来往信件，以此为依据认为宋违反了盟约，揭开了宋金战争的序幕。

金兵撤出燕京继续追击天祚帝。完颜宗望、斡鲁等率兵在阴山附近击败天祚帝，天祚帝在夏国的救援之下逃往应州（今山西应县）。金兵俘获了辽都统林牙大石作为向导找到了天祚帝的大营，天祚帝的亲眷在惊吓之中皆投降。天祚帝率骑兵五千发起决战，但又落得失败逃跑的结果。到了穷途末路的天祚帝派人拿着金印向金投降，但是未能获得金的允许。乞降未果的天祚帝在逃亡之路上重整了耶律大石的部队，又得到了谟葛失部的兵力相助，旋即打算出兵抗金，收复燕云之地。而耶律大石认为时机尚早，劝说天祚帝此时应该养兵蓄锐，但天祚帝依然固执地决定率兵出夹山取燕云之州县。耶律大石与天祚帝决裂，自立称帝，建立西辽政权。走出夹山的天祚帝起初夺取了天德、东胜、宁边等北方州县，但是与金兵作战又失败了，逃往河阴。

实际上，此时天祚帝的有生力量已经基本上被消灭了，但是金政权始终没有放弃追击天祚帝，这是由于在阿骨打看来，擒获他对于灭辽具有标志性的意义。遗憾的是，阿骨打没有亲眼看到擒获天祚帝的一幕，他于 1123 年的夏天已经疾病缠身，并很快就在部堵泺西行宫去世了。他的弟弟吴乞买继位后继续追捕天祚帝。最终在 1125 年 2 月，完颜娄室在余睹谷擒获了天祚帝，辽朝正式灭亡。金朝将他降封为海滨王，不久便忧愤而死了。天祚帝虽然被擒获了，但辽朝还有一支耶律大石所建立的西辽势力企图光复辽政权。耶律大石和天祚帝决裂以后便来到天山以北地区进行活动，筹得万余精兵，向西域、漠北及中亚等地进行扩张。虽然耶律大石对西辽政权寄望深厚，但始终不成气候，最终郁郁而死。他死后，西辽仅仅传了三世便被蒙古所灭。

女真之所以能够成功灭辽，女真民族统一是一个重要的基础。阿骨打以完颜部为核心，将女真民族共同体意识通过招抚的形式不断推广，最终形成了统一的女真民族。这一女真民族共同体，包含了生女真诸部、熟女真以及原本不属于女真人的其他部落。女真民族统一的过程和抗辽的过程是相辅相成的，完颜阿骨打凭借抗辽斗争节节胜利树立起了自己的声望和威严，加速了女真民族融合的过程；同时渤海、熟女真以及其他部落的归附又增强了猛安谋克的实力，为灭辽提供了不可或缺的保障。当然，辽朝自身的衰落也是一个不可忽视的因素。到了天祚帝时期，辽朝的边疆防御体系已不能起到维护政权稳定的作用。而辽朝对女真等属国长期以来的残酷压迫成为了他们反抗辽朝统治的根源。也就是说，在完颜阿骨打起兵反辽的时候，辽朝已经无法对边疆属国实施有效的统治。再加上辽朝统治阶级内部的权力斗争加剧，面临内忧外患的辽朝很快就走到了崩溃的边缘。金政权在攻辽的同时在对宋朝的外交关系上占据了主动权，在辽朝灭亡之后，就把矛头指向了宋。

1

女真人和汉人的历史渊源，
宋金海上之盟所反映的
政治关系

2

燕山之战　太原之战
第一次城下之盟
宋难敌金东西夹攻

3

第二次议和　汴京之战
靖康之难　北宋灭亡

如果说女真的抗辽战争起初是一场反抗辽统治者压迫的正义之战，那么随着金政权的建立以及在军事上取得的一次又一次的胜利，到了1121年的时候，辽朝大势已去已经不存在对于女真的压迫了。1121年的冬天，完颜阿骨打提出了"中外一统"的战略目标，是金政权对辽作战的一道分野，此后的战争直至最终颠覆辽朝就不能称为是反抗压迫之战，而是一统天下之战。但是，完颜阿骨打所指的"中外一统"仍然限于夺取辽朝故地，完成东北、西北地区的统一，而非统一中国。①也就是说，完颜阿骨打统治大金的时期并未急切地想要发动入侵北宋的战争。事实上，金政权发动伐宋战争之时，完颜阿骨打已经去世。当时，阿骨打的侄子宗翰在金政权的军事战略中享有权威的话语权。与阿骨打晚年对北宋的保守策略不同，宗翰更加激进和强

---

　　①关于金政权对辽以及对北宋作战的战略详情参见何俊哲：《金朝史》，第93—97页。

硬，金政权的伐宋与他的极力推动有着莫大的关联。抓到了天祚帝之后，金政权就迅速地展开了对北宋的战争，仅仅用了不到两年的时间，就灭亡了北宋。金政权何以灭北宋？我们将从金宋战争爆发的原因、战争的过程以及北宋的应对等方面进行剖析。

1. 女真人和汉人的历史渊源，宋金海上之盟所反映的政治关系

——宋辽关系不平等；宋联金抗辽收燕云计划终破灭

1120 年的秋天，宋金双方经过了两年的漫长谈判，终于达成共识，签订了一份协议。这份协议成为了宋金结成联盟联合攻辽的基础。宋金联盟，起初是由宋朝主动发起的。宋朝使金的时候，与辽朝之间已经维持了上百年的和平，而金政权才刚刚建立不久，宋朝为何要将筹码放在一个新生的政权上，并与金共谋攻辽大计呢？

这要从燕云十六州的历史渊源与赵良嗣献策说起。燕云十六州是一个历史遗留问题。五代时期，926 年，石敬瑭与李

嗣源被后唐庄宗李存勖命令平叛魏州兵变，平叛过程中，石敬瑭劝李嗣源夺取开封自立为帝。石敬瑭亲自率军为前锋，抢占开封，又回兵渡汜水，直取洛阳。后唐庄宗李存勖被乱兵所杀，李嗣源入洛阳称帝，他就是后唐明宗。由于石敬瑭在这次军事政变中立功颇大，后唐明宗任他为保义军节度使。从此以后，石敬瑭以驸马兼功臣，逐年升迁，负责抵御契丹南下。随着职务和势力的增长，石敬瑭开始拥兵自重，大有取后唐而自立之势。933 年，明宗李嗣源死，李从厚继位，他就是后唐闵帝。不久，李从珂杀后唐闵帝，改元清泰，自立为皇帝，即后唐末帝。后唐末帝对石敬瑭猜疑颇大，石敬瑭亦疑心重重，二人矛盾日益尖锐。为试探后唐末帝，早有预谋的石敬瑭于 936 年以身体羸弱为由，乞解兵权，调往他镇。这正合后唐末帝之意，便顺准石敬瑭之请，徙其为天平节度使。石敬瑭不想束手待毙，决意谋反。他的手下大将刘知远也赞成此事。于是，石敬瑭上表指责后唐末帝是明宗养子，不应承祀，要求让位于许王李从益。后唐末帝撕裂其表，削其官爵，派兵三万围攻太原。石敬瑭一面于朝廷内部从事策反活动，一面起草奏章向契丹求援。

石敬瑭向契丹称臣，认契丹为父国，约定事成之后割卢龙一道及雁门关以北诸州（燕云十六州）与契丹。对此种认贼作父、卖国求荣的行径，连其亲信刘知远也表示反对。然而石敬瑭仍然一意孤行。契丹主耶律德光得到消息后异常欣喜，派兵增援石敬瑭，大败后唐前来围攻石敬瑭的军队。

936 年末，耶律德光封石敬瑭为大晋皇帝，改元天福，国号晋。石敬瑭称帝后，如约割燕云十六州给契丹。燕云十六州是中国北部天然屏障，割让给契丹之后，中原完全暴露在契丹的进攻范围之内。此后燕云十六州成为辽南下掠夺中原的基地，使北方社会经济遭到严重破坏，贻害长达数百年。不久后，石敬瑭与契丹联兵攻入洛阳，后唐灭亡。937 年，后晋迁都汴梁，次年升汴梁为东京开封府。石敬瑭对于契丹百依百顺，非常谨慎，每次书信皆用表，以此表示君臣有别，称辽太宗为父皇帝，自称臣，为儿皇帝。石敬瑭这种卖国行为被世人所不齿。

960 年，赵匡胤发动"陈桥兵变"，建立宋朝，是为宋太祖。宋朝的建立结束了五代的混乱和分裂。宋代在经济和文化上取得了辉煌的成就，但同时受到了周边民族的挤压。从亚欧大陆的视域来看，契丹、女真、蒙古这些北方民族是连接南北大陆带、连接东西交通道的核心力量。他们建立了相当成熟的政权，且不同程度地影响到中原社会。在开拓边疆、推动民族文化发展和民族融合、活跃内外文化交流等方面，起到了汉族王朝难以替代的积极作用。中原王朝所谓的核心地位和领头作用，就不再体现在统一大业的领导权上，而是表现在政治制度、社会经济和思想文化方面的巨大影响上面。面临着契丹、女真以及蒙古等少数民族政权的挑战，宋朝采取"守内虚外，强干弱枝"的消极防御政策，对外一直处于相对被动的局面。宋朝的战略格局和政策应对上出现了很多的问题，这些问题不断堆积最终导致了北宋的灭亡。

宋王朝建立后，由于五代以来的既成事实，始终受到契丹的威胁。而想要扭转这种局面，最迫切的任务就是收复燕云地区，重新构筑起对北方的防御体系。宋太祖时期，北宋对契丹以防御为主。《续资治通鉴长编》记载，宋太祖曾经对身边人说：

石晋苟利于己，割幽蓟以赂契丹，使一方之人独限外境，朕甚悯之。欲俟斯库所蓄满三五十万，即遣使与契丹约，苟能归我土地民庶，则当尽此金帛充其赎直。如曰不可，朕将散滞财，募勇士，俾图攻取耳。

可以看出，宋太祖对于被辽朝占有的燕云地区首先考虑用钱赎取，赎取不成再考虑动用军事手段，并为此特设"封桩库"积累钱财。在宋朝建立初期，依靠岁币，宋辽之间维持了短暂的和平。到了宋太宗时期，由于北汉问题，宋朝起兵北伐，在灭亡北汉之后想趁机收复燕云，进入了长达 25 年之久的宋辽战争。这场旷日持久的战争最终以"澶渊之盟"达成和解。"澶渊之盟"约定，辽宋约为兄弟之国，宋每年送给辽岁币银 10 万两、绢 20 万匹，以白沟河为边界，双方于边境设置榷场，开展互市贸易。此后，宋辽之间维持了百年的和平。

自宋太宗北伐失败后，北宋统治者虽然时刻不忘收复燕云十六州，但始终没有收复的机会和力量。直到宋徽宗统治时期，辽朝已渐衰退，宋统治者又将收复燕云之志再次提上议程。恰逢此时，赵良嗣所提出的联金抗辽之策顺应了历史的潮流。赵良嗣本名马植，原为仕辽燕人。据《宋史》记载，1111年童贯使辽，马植易名为李良嗣，想转投宋朝，并与童贯取得了联系，向童贯献策："本朝若自登（山东蓬莱）、莱（山东掖县）涉海，结好女真，与之相约攻辽，其国可图也。"①四年后，在童贯的撮合之下，李良嗣得以觐见了宋徽宗，向宋徽宗献策。他奏明了天祚帝的荒淫苛政，指出女真阿骨打攻辽的局势，预测"辽国必亡"，建议宋徽宗出兵攻辽先发制人。宋徽宗欣然采纳了李良嗣的献策，并且赐他尊贵的"赵"姓，此后李良嗣便改名为赵良嗣。宋徽宗虽有图辽之意，但是并未找到适宜的时机，因此没有马上出兵攻辽。两年之后，渤海汉人高药师因避难来到登州，向宋统治者传达了女真已经建国并且屡次大败辽军的消息。宋徽宗认为这是联金伐辽的绝佳机会，便派遣马政随同高药师从海路前往女真，以买马的名义与金进行外交联系。

在宋徽宗派遣使者联金的同时，宋朝内部对于联金伐辽之策出现了两种不同的争论。以蔡京、童贯、王黼为代表的一方

①《宋史·赵良嗣传》。

持赞成态度，力主与金结成联盟，趁机收复燕云，恢复北方的边疆防御体系。而以郑居中、邓洵武为代表的一方则坚决反对，认为违反宋辽盟约，联金伐辽的行为将会招致兵祸，加重人民的苦难，不利于宋朝的统治。双方的争论一直持续到北宋灭亡后。但是，宋徽宗作为联金伐辽的最终决策者，态度是十分坚定的。事实上，从宋朝当时的处境来看，联金伐辽也确实是收复燕云之地的唯一机会。

从1118年起，宋金开始互通使臣。直到1120年，金攻占辽上京，赵良嗣随同阿骨打观战，开始正式商谈结成联盟共同攻辽之事。经过一年的商议，缔结"海上之盟"，约定宋金出兵夹攻辽，宋给金支付岁币，金允诺将燕云之地归宋等。但是在具体的内容上，宋金双方仍然有分歧，在签订盟约时，金并未许诺将云州一带的土地给宋。由"海上之盟"所建立的宋金关系实质上是一个并不稳固的联盟。就宋以岁币为代价来看，盟约所反映的宋金关系是不平等的。宋统治者为了达成与金的结盟仍然沿用与辽朝维持和平的方式——缴纳岁币。这是宋朝军事力量软弱的表现，也可以看出，宋统治者打着通过金政权的军事力量灭亡辽朝而坐收燕云之地的如意算盘。而金政权此时灭辽最终的目的是"中外统一"，这与宋朝所期许的收回燕云之地是存在着根本冲突的。

完颜阿骨打严格遵守着宋金之间的"海上之盟"，在晚年时还告诫属官要如约交割燕云之地。但是金统治阶级内部，以宗翰为代表的女真贵族，对于归还燕云之地给宋的反对呼声越来越强烈。1120年签订盟约的时候，宗翰就坚持认为平洲、滦州、营州不属于燕地，不应交还与宋。以平州为金政权军事基地的战略计划最终也得到了阿骨打的支持。金军占领燕京以后，金统治阶级拒绝归还燕京的倾向就愈加明显。一方面，金在战争过程中掠夺到了前所未见的财富和资源，女真贵族们显然不愿意放弃唾手可得的巨大利益。另一方面，拒绝归还燕京根本上也是符合金政权"中外一统"扩张战略的。尽管之后在宋朝的交涉之下，阿骨打还是将燕京及附近之地归还给了宋朝，但是女真贵族并不赞成。阿骨打去世之后，他的继承者吴乞买最终采取了宗翰的意见，在燕云之地的交割问题上，宋金之间的矛盾冲突无可避免地爆发了。

张觉叛金成为了挑起宋金战争的导火索。张觉在平州反金，使得宋朝看到了收复平洲、滦州、营州的一线希望，极力拉拢张觉。张觉最终转投宋朝。金政权出兵镇压了平州叛乱，张觉逃往燕山府。金向宋朝索要张觉，宋朝迫于压力最终将张觉处死。张觉的叛乱投宋给了金政权一个绝佳的发动战争的理由。1125 年的秋天，金政权已经做好了攻宋的军事准备，在燕、云两地设置了两个军事中心，集结了东西两路军队，东路以宗望为统帅，西路以宗翰为统帅。与此同时，宋朝也做了防御准备。

2. 燕山之战 太原之战
第一次城下之盟
宋难敌金东西夹攻

　　1125 年的冬天，金以东西两路军队同时出兵攻宋，金宋战争拉开帷幕。宗翰率领的西路军迅速攻占了朔州、武州和代州，兵临燕京。郭药师率领其常胜军与金军在燕京展开了一场激烈的战斗。郭药师是渤海人，原为辽将。北辽建立后，耶律淳命郭药师为常胜军统帅。北辽政权行将覆灭之时，郭药师率常胜军降宋，得到了宋徽宗的重用。他所率领的常胜军在北宋衰弱的军队当中具有非常可观的战斗力。郭药师在宋夺取燕京之战中率常胜军为先锋。金政权将燕京交割给宋后，宋徽宗将燕京改为燕山，命郭药师任燕山府同知。在这次燕山之战中，郭药师率常胜军夜渡白河迎战金军。起初，金军发现常胜军时也很畏惧，在宗望的率领之下与常胜军开战。燕山一战，常胜军与金军双方都遭遇了巨大损失，郭药师所率的常胜军精锐只剩下不到应战前的半数。虽然郭药师率部取得了小胜，但是他的副手临阵脱逃，而且许多军官萌生了降金之意，不愿再战。最终常胜军在燕山之战中失败，郭药师奉表向金军投降。

郭药师的这支常胜军是宋朝守卫燕京的主要力量，常胜军的战败直接导致了燕京的失守。可能从张觉事件中，郭药师看清了宋朝并不具备庇护投诚之人的能力，决定转投强势的金政权。总之，郭药师降金之后，宋朝的第一道防线被瓦解。

燕京失陷的三天之后，宗翰所率领的金军西路行至忻州，忻州知府竟大开城门迎降。金军轻而易举地占领了忻州。西路军在宗翰的带领下快速到达太原的天然屏障——石岭关。虽说石岭关地势险要，易守难攻，但是守卫在这里的义胜军依然未能抵抗金军的猛烈进攻。石岭关失守之后，金军兵临太原城下。西路金军在完颜宗翰的率领下起初势如破竹，连战连胜，只用了两个月便围困了太原城，但在太原遭到了宋朝守军的顽强抵抗。太原经略张孝纯等人积极发动城内民众坚守城池，《三朝北盟会编》记录了他的号召："金人虽在城下无能为害。太原自古雄藩，城坚粮足，加之兵勇。我非不欲出师，当俟金人粮尽气失，将骄兵惰，乃侯援兵，附近内外相应，使胡骑匹马不归，上为朝廷报复，下保汝等血属。"[①] 镇守在太原城内的官兵以及普通民众皆抱着誓死的决心抵御金兵，牵制了金西路军，为宋朝换来了一丝喘息的机会。金政权计划东、西路军分别攻克燕京和太原后，两军再合兵南下进攻北宋都城开封。西路军在太原久攻未破，迟迟不能继续向开封推进。而宗望所率领的东路军进展则非常顺利，郭药师降金之后为先锋，引导金军避开了宋军重兵布防的地区，长驱直入，很快便渡过黄河，兵锋直指开封。此时的北宋统治阶级内部已经阵脚大乱，宋徽宗听说金军南下的消息，在惊惧慌乱之中急忙传位给太子赵桓，即宋钦宗。

　　1126 年正月初三，刚刚即位的宋钦宗下诏亲征。而此时面对残局束手无策的宋徽宗则以去亳州烧香为借口灰头土脸地逃

---

①《三朝北盟会编》卷五十三。

亡了。宋徽宗的逃亡加剧了北宋朝野的混乱，不少大臣纷纷弃官逃窜。宋钦宗在危局之中任命李纲为亲征行营史，并且下诏招募武勇之人。虽然李纲是一介文官，从来没有直接参与过战争，但是在国家危难之际显示了出色的军事谋略。他建议宋钦宗取消亲征，应将重点放在京城开封的防御工事上。宋钦宗采纳了他的意见。宋朝在极短的时间内有效地组织起了开封的城防工事，妥善安排了防御之军兵，如保甲厢军、马步军等，日日操练，各司其职。与此同时，北宋各地的勤王军兵也集结在开封城外，与城内守军相呼应。当北宋基本上完成了开封的城防之时，金兵由汴水乘船抵达开封，进攻西水门。李纲率兵抵抗金军，激战了两天，多次击退金兵的进攻。

尽管宋军在与金军的对抗中并未居下风，但宋钦宗此时与金军作战的决心并不坚定，不顾开封防御战的良好局势，派遣使者前往金军帐下议和。金军虽然取得了一定的战果，但是此时想要一举攻破宋朝的国都仍然是很大的冒险，过长的战线以及长期的作战将为金军带来兵源的损失和供给的困难。在权衡利弊之后，完颜宗望答应了宋朝议和的请求，并且提出了极为苛刻的议和条件，包括赔偿军费五百万两黄金、五千万两白银；支付绢、牲畜等物资；并且要宋政权尊称金主为伯父；归还燕云之民；割太原、中山、河间三镇；将亲王、宰相作为人质。[①] 宋钦宗答应了金军所提出的一切条件，屈辱地称金主为伯，将康王赵构与少宰张邦昌送至金军为人质。在宋钦宗频繁地将使者派往金军进行议和的同时，各路勤王之师纷纷向开封集结，开封军力在几天之内增至二十几万。李纲、李邦彦等主战派的大臣开始再次倡议对金用兵，认为不能将三镇割让给金，金兵不足为惧，宋军尚有胜算。犹豫不决的宋钦宗采纳了李纲的用兵之策。

倘若倾二十余万兵力与金兵作战，宋尚有把握击退敌军，但是宋钦宗却命令将领姚平仲仅率七千兵力夜袭金军营寨，这注定是一次极为冒险的赌注。姚平仲失败之后，宋钦宗急忙派李纲率亲征兵援助，却并未出动种师道的勤王大军，最终不仅偷袭计划破灭，还为金军留下违反和约的口实。宋钦宗罢免了主战的李纲等人，朝廷内的主和派又占了上风。宋朝与金人依

---

① 《三朝北盟会编》卷二十九。

照议和条件签订了"城下之盟"，以割让太原、中山、河间三镇，并且支付高额军费物资为代价，换来了开封暂时的安全。

金东路大军带着宋朝的人质以及大笔军费凯旋回师，在撤退途中猖狂掳掠，所过之处只剩下一片荒凉。金西路军听闻东路军与宋签订和议北退的消息也向北撤退，返回太原。在此期间，金朝及时组建了元帅府，集中掌握着军事指挥权。北宋在金军撤退之后也进行了较大的改革。屈辱的"城下之盟"在朝野上下引起了激烈的舆论，对于割让中山、河间与太原之地的行为进行抨击。宋钦宗迫于舆论的压力，罢免了太宰李邦彦、中书侍郎王孝迪等人的官职，任命吴敏为少宰，李纲为知枢密院事，试图通过起用主战派的将领和大臣来挽救宋朝的颓势。在痛定思痛之后，北宋统治者转变了屈辱求和的态度，调集勤王之师增援中山、河间与太原。宋钦宗下诏保卫三镇："祖宗之地，尺寸不可与人。且保塞陵寝所在，誓当固守。朕不忍陷与三镇以偷顷刻之安，与民同心，永保疆土。"[1]北宋统治者此时的

---

①《三朝北盟会编》卷四十三。

强硬态度与之前的屈辱求和已经大相径庭。

在主战的策略之下，宋军前往太原与金军展开了一场大规模的战争。然而这次在山西进行的战争中，宋军连连失利，保卫三镇的目标最终无法实现。种师中与姚古率部支援太原，起初取得了一些小胜，途中收复了寿阳、榆次等县城。种师中率部在榆次附近遭遇了完颜活女所率的金军，宋军战败，种师中被流矢射中而死。拔里速率金军在龙周谷大败姚古部。宋朝派出支援太原的两支精锐之师均战败。出兵解太原之围的计划遭遇了挫折，李纲率兵从开封出发应援，在途中发现之前征发的宋兵大都溃散了。北宋多年不修军事，将军权集中控制的政策，最终导致了兵源严重不足，战斗力下降。宋钦宗几次三番地下诏调军前往山西支援。谢潜受命率部出发，屯兵于太原南关。谢潜中了金人的诈逃之计，粮食尽被金兵劫去，溃不成军。北宋派去太原支援的部队屡战屡败。其间虽有杨可发振臂高呼集结两万余众迎战金军，其英勇不屈的气节可歌可泣，但临时组建的兵力显然难以抵抗训练有素的金军，杨可发也在摆阵之后自杀身亡。北宋之军力难敌强盛的金军，山西已经完全被金人占领，太原的陷落已成定局。

3. 第二次议和　汴京之战
靖康之难　北宋灭亡

　　解除太原之围的计划失败，宋钦宗再次转而向金求和。然而此时，金朝已经打算再一次进攻宋朝。促使金朝进行这次军事冒险的原因是什么，史书上并无明确的记载。或许，在金与北宋的交锋与接触中，金朝逐渐了解到宋朝的统治建立在一个极为脆弱的军事基础上，以金军的实力灭亡北宋是一场胜券在握的尝试。因此，金政权在"城下之盟"签订之后就不断寻找着再次发动战争的事由，而在与北宋的对峙中，寻找战争借口是十分容易的。为了抵抗北宋，宋朝转而期望借助前辽将领的势力反金。1126 年，降金的前辽宗室萧仲恭前来使宋。宋人想要借此机会策反耶律余睹，将蜡丸书交给萧仲恭，让他返金之后转交耶律余睹。不料萧仲恭回去后将蜡丸书交给了完颜宗望。宋朝错误地预估了前辽势力，蜡丸书事件不仅没能成功，反而成为了金政权第二次进攻的绝佳理由。

1126 年的 8 月，金政权对宋朝发起了大规模进攻，依然兵分两路，由宗翰率领西路军，宗望率领东路军挺进太原。宋朝派去太原的援军屡战屡败，一个月后，西路军就攻占了太原。太原自起初被围已经苦苦坚持了二百五十多天，最终由于弹尽粮绝，外无援兵而失陷。《三朝北盟会编》记载了太原城中的惨状，城中的宋军守兵以及平民百姓承受着饥饿病苦仍然坚持最后的抵抗，"外城已失月余，城中乏薪，乃毁屋取木燃骨充炊，殍死者百分仅存一二，余皆病不能振"。太原城中的宋军已经丧失了战斗力，金军进入太原如履平地。马步军副总管王禀仍然坚持带领残兵拼死抵抗，身负重伤而死。经略使张孝纯被金军俘虏。金军占领了太原之后，就迅速占领了汾州和晋州等地。宋朝也并非坐以待毙，金军在寿阳遭受到了宋军的猛烈抵抗，以伤亡万余人的惨重代价攻克了寿阳。与此同时，东路军也攻克了天威军。金东西两路军统帅商议决定共同进攻汴京。

汴京（开封）乃北宋首都，金军此番进攻的最终目的就是要灭亡北宋。

金军已经占领了山西之地的州县，完颜活女率部由孟津渡过黄河进军开封。北宋派遣李回与折彦质率兵十二万防守黄河，但仍然溃败。金西路军留下五万兵力驻扎在潼关，阻挡宋军的支援，其余兵力浩浩荡荡渡过黄河进逼开封。这年的闰十一月，金东西两路军队就抵达了开封城外。

由于救援太原的失败，李纲被贬离开开封，其余主战派的大臣、将领相继被罢免，主和派重新掌握了话语权。这一次，北宋已经无法再组织起有效的防御。在宋军即将到达开封之前，北宋又试图与金和谈，以缓解开封的危机。北宋派去的和谈使者带来了完颜宗翰提出的条件：必须割让三镇土地、人民。此时的北宋已经没有了讨价还价的余地，宋钦宗企图以增加岁币为代价守住三镇，并且奉以言辞恳切的国书，但遭到了完颜宗望的断然拒绝。宋钦宗最终答应了金的条件，将三镇割让，以维护北宋的统治。金在与北宋议和的同时，不断向开封步步紧逼。在宋钦宗承诺割让三镇以后，金又进一步提出以黄河为界，勘定两国界限。惶恐的宋钦宗答应了金政权的要求，并且制止了原本应诏而来的勤王之师。然而为时已晚，金军已兵临开封外城。由于十几万兵力的勤王之师的行程被议和所中止，北宋紧急之下竟然没有一支可以应战的军队，城中可以调遣的士兵仅有三万卫士。在金军的猛烈攻击之下，城中卫士死伤折半。正值寒冬，天降大雪，河面结冰，范琼率千人渡河出战的时候遇到了冰裂，五百余名士兵殒命于河中。宋军的士气消弭殆尽。

六神无主的宋钦宗竟然将求生的希望寄托在了"六甲神兵"上。他听信了术士郭京的戏言，从市井游民之中招募了7777人组成"六甲神兵"来抵御金军的攻城。这些临时从民间招募的"神兵"未经过任何的军事训练，毫无战斗力可言，金军轻而易举便将其击溃，很快就攻克了开封城。

宋钦宗紧急召集群臣商议对策，有人说要护送宋钦宗逃出城。宋钦宗仍然对和谈抱有希望，派遣自己的弟弟景王到金军中商议投降。金兵时常进入城中劫掠，城内秩序一片混乱："士庶皆奔走，城东徙于城西，城西徙于城东，征行交互，莫知所适……"① 宋钦宗未能逃出城，使臣带回了金人的回复，需太上皇出城议和。宋钦宗决定亲自前往，来到了宗翰军驻扎的青城。然而金人无意与宋钦宗和谈，只为索要降表。宋钦宗奉上了降表，言辞恳切地向金太宗称臣，祈求金人不杀之仁。上表之后，宋钦宗得以返回朝廷。宋钦宗在金军的胁迫之下竭尽国库之资财，又征缴了开封权贵的家财，并且割让河北、河东两路土地，仍不能满足金军的要求。金军进入城内大肆掠夺。1127 年初，宋钦宗再次来到宗翰军中被扣留。4 月，金军携徽、钦二帝以及后妃、宗室、大臣、内侍、工匠等人北上还师，并且带走了开封府的所有积蓄以及法驾、卤簿，皇后以下车辂、卤簿，冠服、礼器、法物，大乐、教坊乐器，祭器、八宝、九鼎、圭璧，浑天仪、铜人、刻漏，古器、景灵宫供器，太清楼秘阁三馆书、天下州府图，等等，此即"靖康之难"。北宋政权的统治从此结束。

　　金人在颠覆北宋之后没有进行直接的统治，而是以扶植汉

---

① 《三朝北盟会编》卷七十。

人张邦昌建立傀儡政权的方式来达到将北宋故地作为藩属的目的。金人的这一策略显然是受到了辽统治北方区域时期的影响。在两次攻宋的过程中，金统治者深知由于族群及文化的差异，金政权在短时期内无法做到取代北宋朝廷对中原地区进行有效的统治。他们认为若能使得汉人政权臣服于金，成为金政权的藩属，也称得上是实现"中外一统"了。金政权自建立以来，已经进行了长达十二年的战争。长期的战争让金政权付出了高昂的军费和大量的军力，金的进攻也只能止步于黄河，而无法继续进入到长江以南。因此，拥立傀儡政权对于金人来说是最为适宜的策略，只是令金政权始料未及的是张邦昌的伪政权只维持了三十三天便垮台了。

北宋的统治虽然结束了，但是宋宗室的遗留势力依然强大。开封陷落之时，康王赵构在相州以兵马元帅府积蓄势力，1127年初屯兵于济州（今山东巨野南），势力不断壮大。张邦昌伪政权乃金人所立，受到了众人的反对，其统治并不稳固。康王赵构的宋宗室身份仍然具有正统地位的象征意义。江南以及北方的地主和官僚纷纷聚集在赵构周围，形成了一股强大的政治势力。赵构登基也符合人民的抗金意愿。南宋政权的建立是大势所趋。

金军之所以能在不到两年的时间内就摧毁了北宋政权的统治，原因是多方面的。金军战斗力的强盛提供了军事上的基础，军事指挥机构的完善也为金军的胜利提供了保障。金政权在攻宋的过程中，以和谈促战，通过和谈条件获取了大量的军费物资，足以支撑金军的长线作战。北宋的积弱也是一个重要原因。北宋将军事大权集中在枢密院，枢密院大多是文官，没有作战经验，而出征的将领并没有多少实际的指挥权力，这导致了北宋军队的指挥混乱和低效。实际上这也是自从宋朝建立之初就存在的现象。宋太宗赵匡胤深知军事政变的危险，因此十分注重对于军队的管控，将带兵和调兵进行权力的分置，使得兵变的危险防患于未然，但这种制度使得宋王朝的军队机动性极差。在抗金之前，北宋已经经历了一百多年的和平时期，长久的和平令宋军荒于操练，战斗力低下。北宋的积弱不仅表现在军事上，还表现在政治态度上。北宋统治者面对战争极度缺乏自信。宋钦宗不顾战争形势，多次乞求金军和谈，寄希望于岁币、割地等方式平息战争。然而在军事力量不对等的情况下，仅仅凭借岁币、割地是不能满足金政权的要求的。这些原因共同导致了北宋政权的灭亡。但随着张邦昌傀儡政权的倒台，金政权借助伪政权实施统治的计划也破灭了。事实上在北宋灭亡之后，金政权无法将长江以北的地区纳入到自己的领土内。大量城镇被北宋将领所控制，各地纷纷涌现出了抗金义军。长江以北的广大地区成为了金军、北宋遗民以及义军争夺的战场。

问题六：
大金是不是
正统王朝？

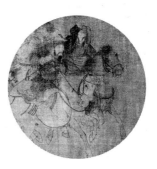

金政权是不是正统王朝? 这是一个历史悠久的问题。元朝灭金之后,对于金政权的正统地位就进行了旷日持久的讨论。元初就已将修纂辽、金、宋三史提上了议程。但是辽、金、宋孰为正统成为了一个困扰史家乃至元朝统治者多年的难题。经过激烈的争论,到了元末的时候,终于确定辽、金、宋三史"各与正统"的修纂原则,也就是说将辽、宋、金都视为正统,修纂出了《辽史》《宋史》《金史》三部史书。三部史书虽已修纂完成,然而史家对于金朝是否为正统王朝的讨论并未停止。事实上,直到今天,学界乃至坊间关于这一问题仍然存在着不同的解读。要找到这个问题的答案,首先我们需要对中国历史上的正统思想以及"夷夏"观(来源于《礼记·王制》)的产生和演变进行梳理和思考。

1. "大金"国号的来源
金政权对正统观的接受和实践
元初正统观的讨论

收国元年正月壬申朔，群臣奉上尊号。是日，即皇帝
位。上曰："辽以宾铁为号，取其坚也。宾铁虽坚，终亦
变坏，惟金不变不坏。金之色白，完颜部色尚白。"①

这是《金史》对于完颜阿骨打建立金政权的记载。金太
祖以"金"为国号，以金的"不变不坏"之特性寓意政权的稳
固长久。"金之色白"，完颜部属白号之姓，通过"白"之共通

---

①《金史》卷二《太祖纪》。

性在族姓与国号之间建立了文化属性上的紧密联系。另外《金史·地理志》对国号"金"的寓意进行了解读："上京路，即海古之地，金之旧土也，国言金曰按出虎，以按出虎水源出于此，故名金源，建国之号，改取诸此。"金毓黻的著作《东北通史》对此进行了考辨，认为按出虎水产金，因此称为金源，是以金之国号取义按出虎水。

女真人原本文明程度较低，在入主中原之前，金政权还没有树立正统观念。入主中原之后，金朝统治者主动学习汉文化，在治国理政的方方面面都借鉴了中原王朝的经验。金朝的汉化是十分迅速的。金熙宗时期，建立了较为完备的礼仪制度。海陵王统治时期，金朝已经接受并开始实践正统观念。

金章宗时期出现了关于德运的争论，经过多次的争辩，直到章宗泰和二年（1202 年），金朝才最终定下以五德中的土德奉为国家的德运。中国的五德终始说是建立在古代五行思想之上，内含着正统观念，对王朝更替和历史演变进行解释的一种学说。概括来说，五德终始说是将五行中的木、火、金、土、水相生相克的学说与王朝更替进行联结，从中寻找历史发展的规律，并且为王朝之正统地位寻找根据。五德终始说创始于战国时期，在秦汉王朝产生了深刻的影响。秦汉以后，历代王朝都很注重五德终始说，以其作为政权统治合法性的有力证据。五德终始说包含两种不同的体系：其一是战国时期阴阳家邹衍所创立的五行相胜说，即每一朝代都有土、木、金、火、水五种德运中的一种。邹衍认为黄帝得土德，大禹得木德，商汤得金德，周文王得火德，接替周朝的朝代必将得水德，其依据的是木克土、金克木、火克金、水克火、土克水之五行相克之规律，历史也依循这个规律更替演变。其二是西汉刘歆所创立的五行相生说。他认为朝代的更替是按照木、火、土、金、水五行相生的顺序，即太昊伏羲氏得木德，炎帝神农氏得火德，黄帝轩辕氏得土德，少昊金天氏得金德，颛顼高阳氏得水德；帝喾高辛氏得木德，尧得火德，舜得土德，禹得金德，成汤得水德；周武王得木德，汉朝得火德。刘歆的五行相生说是为了汉朝寻找正统依据，为"汉为尧后而得火德"立言。五德终始说对于秦汉及以后的历代王朝统治产生了深远的影响。史家著史时对王朝的德运也极为重视。司马迁在《史记》中就采用了邹衍的五德相胜说，以得土德的黄帝作为开端记录历史。

　　金朝确立德运的过程是与金朝的汉化紧密联系在一起的。金政权建立之初，对于五德终始说还没有彻底的理解和吸纳。金朝在确立土德之前，是奉金德为德运的。之所以奉金德，大致源于国号"金"。不过这种解释牵强附会，而没有考虑到五德轮转之规律，是不符合五德终始说的。既然金朝以金德为王朝之德运在五德终始说中找不到相应的根据，那么金朝的正统地位也就无从证明。这是导致金朝德运之争的根本原因。

　　章宗年间的德运争论主要有三种意见。其一，遵祖训，继续奉行金德；其二，继承辽统，为木德；其三，继承宋统，为土德。继承辽统的观点被章宗摒弃，金朝的德运之争的焦点便集中在金德与土德两种观点的博弈。金德之说的核心是遵祖训，继承女真族群的传统。但金德说的缺陷就在于不符合五德终始说，无法为金朝的正统地位立言。土德之说的核心便是继承中原王朝之正统，宋奉火德，金灭北宋，承宋统当奉土德。金章宗最终选定土德为本朝德运，确立了金朝的正统地位。金章宗选定土德彰显了金朝争夺华夏正统的决心，这与金朝的汉化程度加深具有内在的关联。

起初，女真人的文化水平较低，在金政权建立之前仍然处在氏族部落社会的发展阶段。完颜阿骨打率领女真人反抗辽朝统治，在这个过程中，女真人的统治阶层已经开始受到汉文化的影响。汉文化对于金朝的建立和发展产生了重要的促进作用，完颜阿骨打建元称帝就是接受了汉人谋士杨朴的建议。金政权建立之初，完颜阿骨打将主要的精力集中在开疆拓土的战争上面，礼制不备，依然沿用着女真勃极烈制。完颜阿骨打建立金政权之后，立即展开了灭辽之战，在诏兵出征时说："辽政不纲，人神共弃。今欲中外一统，故命汝率大军以行讨伐。"[1]完颜阿骨打此时所说的"中外一统"，所指的应是在辽金关系中，金政权为正统。完颜阿骨打并无取代宋朝成就中原王朝正统之打算，甚至欲将燕云之地交还与宋朝。因此，在金太祖统治时期，金朝的正统观念仍在酝酿之中，还未正式形成。

在灭亡北宋之后，金朝统治者对正统观念的认识开始发生

---

①《金史》卷二《太祖纪》。

了转折。金熙宗统治时期，金朝建立了初步的礼仪制度，在全国范围内推广儒家文化，在政治结构上学习中原王朝经验，推动了金朝向封建王朝的转变。

到了海陵王统治时期，汉化程度进一步加深。海陵王非常推崇汉文化，自幼接受了汉文化教育，熟读儒家典籍，喜爱与儒士唱游往来。海陵王具有一统天下的高远抱负，已经不满足于和南宋南北对峙的政治局面。他在燕京按照宋朝都城的样子修建了都城，不顾守旧女真势力的反对，执意迁都燕京。海陵王迁都使金朝的统治产生了深远的影响，这意味着金朝的统治中心已经从金源地东北向南迁移至中原地区。金朝对中原地区的统治力量有了质的飞跃。迁都燕京并非海陵王的终极目标，他后来还在开封修建都城。汴京开封原本是北宋都城，海陵王想要迁都开封的打算，表现出他欲使金朝夺取中原王朝正统之地位。海陵王亲自率军南下征宋，就是夺取正统的实践。他曾经公开表示出一统天下的愿望："天下一家，然后可以为正统"。[1]海陵王统治时期，金朝完成了向封建王朝的转变。金朝统治者已经接受了汉文化中的正统观念，并且为了实现金朝的正统地位做出了努力。

金世宗即位后，停止了与南宋的战争，将目光转向内部改革。《金史》评价他施行仁政，创造了金朝的盛世。与海陵王不同，金世宗虽然深谙汉文化之精髓，但是他极力地宣扬女真本族文化，反对全盘的汉化。金世宗推行了一系列政策来维护女真文化的传承，例如女真人不得取汉名，不得着汉人服饰，须学习女真语言文字等。

到了金章宗时期，金朝的汉化程度达到顶峰。泰和年间，金朝的祭祀礼仪渐趋完备，开始祭三皇、五帝、四王。章宗朝的德运之争成为了金朝接受并实践正统观念的决定性阶段。金章宗最终定下土德，表明金朝已经以正统王朝而自居。

金朝的正统意识由觉醒到最终的确定经历了一个漫长的历史时期。但在元代初期，宋、辽、金三朝孰为正统的棘手问题

---

[1]《金史》卷129《李通传》。

再一次浮出水面。1234 年秋天，金朝灭亡的当年，一些儒士就对如何定位金朝历史的问题展开了争论。当时一些人认为金政权不是正统王朝，不应专门修史，而应列入《宋史》中，就像东晋十六国时期的刘渊、石勒一样"载记"。儒士修端反对这种观点，他认为应当将辽、金历史修入《北史》；北宋至靖康之变灭亡，应修入《宋史》；建炎南渡之后，"中国非宋所有"，应修《南史》。① 修端强调以历史事实来确定辽、金政权的地位。他的观点客观、理性地承认辽、金的正统性，具有进步意义。但是修端之说引发了关于如何界定"正统"的疑问。

金末元初学者杨奂对正统论进行了深入的研究，驳斥了以往正统论以世系为重、以土地为重的偏见，提出"王道之所在，正统之所在也"。② 杨奂的正统观纠正了以往偏重地域之广狭论正统的狭隘视角，突破了"夷夏"之防的限制，而是将道统之考量纳入到正统观念体系中来。在杨奂看来，某一王朝存续时期内，其正统性质不是一成不变的，而是会随着王朝传续以及

---

① 修端：《辨辽宋金正统》，《玉堂嘉话》卷八。

② 杨奂：《正统八例总序》，《全元文》。

历史事件而不断发生变化。他创造了正统八例：得、归、传、复、衰、陷、绝、与，以此来解释王朝正统的动态变化。杨奂对于是否为正统的评价标准乃是统治者是否实行王道，这突破了华夏中心论，在当时颇具创新意义，并且为日后辽、宋、金三史的修纂提供了理论上的支持。

金政权是否为正统王朝？这在元代是一个困扰学者许久的难题。这一问题的核心难点在于对以往正统观的认识和解释。由此所引发的争论必将深入到对正统观念的解构和重塑。这个过程在元代得以完成。元代继承了两宋以来的正统观念，并且进行了新的阐发，突出表现在冲破了秦汉以来就已经形成的"夷夏"之防的成规。在经过了漫长的争论之后，元末终于定下辽、宋、金三史"各与正统"，修纂了《辽史》《宋史》《金史》三部史书。考虑到与金政权一样，元朝也是由华夏之外的北方族群入主中原所建立的王朝，正统观念在元代受到如此深入的检视和探讨就不足为奇了。探讨金政权是否为正统的过程，在很大程度上与元朝自证其正统性的过程是相互契合的。

2. 天下与中原王朝

——以古代中国的疆域范围和天下观审视金政权

在古人的认知当中，"天"主宰着世界万物，是主宰人类社会的至上之意志与自然法则的统一。"天下"就是指"天"覆盖之下的芸芸众生。"王"是联结"天"与人类社会的重要纽带，"继天理物"，被"天"赋予了统治万物的权力。而"大一统"思想是诞生于中原地区农耕族群中的一种政治理想。这个理想的核心就是代表着王权的中原王朝，在"天下"范围内建立起一个统一的政权。"大一统"一词出自《春秋公羊传》，"元年者何？君之始年也。春者何？岁之始也。王者孰谓？谓文王也。曷为先言王而后言正月？王正月也，何言乎王正月？大一统也"。"大一统"强调的是在"王"的天命权威之下进行政令的统一。具体的表现就是"改正朔，易服色，制礼乐"。"大一统"思想不仅对古代中原王朝的政治结构产生了深远的影响，而且对古代疆域的形成有着决定性的作用。

"大一统"思想萌发于先秦，成熟于汉代。随着秦灭六国，实现了"大一统"政权的初步建立，皇帝开始成为了统治"天下"的核心。中原地区结束了分裂的局面，构成了一个政令统一的王朝国家。中原王朝的疆域也随之开始进一步扩大。在古代中原王朝疆域发展形成的过程中，中原地区作为"天下"的中心，是天下的核心区域，谁占领了这一区域，谁就在名义上成为所谓的"正统"王朝。这一理念成为了古代先民们的共识。一套完整的"大一统"的"天下"统治格局就被构建起来了。至汉武帝时期，汉王朝通过疆域的开拓和治理的实践，构筑起以"汉为天下宗"为核心的天下体系。在此基础上，董仲舒对"大一统"进行了理论上的完整阐释。汉代建立的大一统王朝，成为了历史上中原王朝构建的一个成功范式，对后世具有深远的影响。

纵观古代早期王朝国家的历史，真正实现了"大一统"的只有汉、晋、隋、唐等几个朝代。而在漫长的历史进程中，深受"大一统"思想影响的北方族群，也希望实现成为"天下共主"的政治理想，因而不断与中原王朝展开了激烈的战争。魏晋南北朝时期，即出现了北方族群南下的第一次高峰；至唐代以后，北方族群实力渐盛，期望能够完全实现成为"天下共主"的目标——辽王朝的建立者耶律阿保机及其后继者就不断率军南下，并曾一度攻克了北宋王朝的政治中心汴京，但因政策失当，并未在当地建立持久的统治，只得北返。之后辽与北宋在较长时期内形成了对峙的局面。

　　至 12 世纪初，金太祖完颜阿骨打起兵反辽，不久建立了大金政权，并在数年后推翻了辽的统治。北宋统治者起初与金定下"海上之盟"，期望在灭辽之后能够收回后晋割让给辽的燕云十六州。但事与愿违，当金灭辽之后，迅速将矛头对准了北宋，很快便占领了黄河以北的大片区域，最终攻克开封，掳走徽、钦二帝，这一事件史称"靖康之变"。此后，宋高宗在临安即位，史称南宋。南宋偏安江南，向金称臣纳贡，事实上已经彻底失去了对中原地区的控制权，而金则成为了中原地区的实际控制者——与辽相比，金在中原地区的统治更加深入，尤其是在金迁都燕京之后，在中原广大地区实施直接统治。事实上已成为了真正意义上的"天下共主"。

问题七：
大金是如何处理
与南宋的关系的？

1 大金灭北宋后的形势

2 宗翰集团扶持刘豫建立伪齐政权
在北方进行傀儡统治
金废除刘豫政权

3 大金与南宋的和战

金政权在摧毁北宋政权的统治之后，便在回师北上之前扶
植张邦昌建立了傀儡政权，以达到使其成为大金的藩属国的目
的。张邦昌伪政权在宋朝遗留贵族以及地主阶级的联合反对之
下，只维持了三十三天便倒台了。赵构在应天府建立南宋政权
使中原地区的局势变得更加复杂。金政权由于经历了长期的征
战，造成了沉重的人力和财力的负担。1127 年，军事将领宗望
的去世给金政权统治阶级带来了很大的冲击。1127 年后，金政
权曾经多次试图击败赵构建立的南宋政权，将领土扩张至长江
以南。虽然 1129 年金政权一度占领了南宋的国都建康（南京），
但是最终没能彻底征服南宋。金政权再次选择了拥立刘豫建立
傀儡政权的策略以巩固中原地区的统治。经过了十几年的战争，
金政权也似乎意识到无法实现颠覆南宋政权的目标，而不得不
接受南北对峙的局面。经过了漫长的和谈，1142 年金与南宋签
订了和约。凭借这份和约，金政权每年从南宋收取贡银 25 万

两、绢 25 万匹。南宋向金称臣，结束了连年的战乱。金与南宋政权对立共存的局面就此形成。在这份和约缔结后的二十几年中，金政权开始将重心由开疆拓土转移至内部改革上来。

1. 大金灭北宋后的形势

——赵构建立南宋政权与金政权南北对峙；金兵攻击南宋；镇江之战

　　金天会五年（1127 年）五月一日，康王赵构在南京应天府（今河南商丘）登基，是为宋高宗。赵构乃宋徽宗的第九子，宋钦宗的弟弟。在 1126 年正月，金兵第一次围困开封的时候，宋钦宗派遣使者前去金军营中议和。金东路军统帅宗望提出的议和条件就包括"以亲王宰相为质"。北宋便以康王赵构及少宰张邦昌作为人质前往金军大营，旋即被扣留在金军。当年二月，姚平仲夜袭金军事发后，金军对赵构和张邦昌大加斥责，张邦昌大惊之下伏地痛哭，而康王赵构则不为所动、气定神闲。宗望怀疑赵构并非真正的亲王，便向北宋索要肃王为人质。之后肃王来到金军大营，答应了金政权割三镇之地的要求，留在金军中为质。康王赵构得以回朝。[①] 半年后，金军再次南下攻宋，不久便又对开封形成了合围之势。赵构奉命出使金军议和，行驶到河北磁州的时候，便转头去了相州。赵构之所以放弃了出使金军的行程，与磁州知府宗泽的劝阻有直接的关系，宗泽说："肃王一去不反，今敌又诡辞以致大王，愿勿行。"赵构听从了宗泽的建议，避免了被金军俘虏的危险。十二月，金东西两路大军兵临开封城下。赵构在相州知府汪伯彦的邀请下来到相州（今河南安阳）。耿南仲到相州向赵构传达宋钦宗命其率河北一路军入卫的旨意，这是赵构起势的缘起。按照宋钦宗的旨意，他竭力招募勤王之师，募得万余人。随后，宋钦宗以蜡丸诏命赵构为河北兵马大元帅，并命令他即刻率领河北兵马支援开封京师。赵构与诸将商议决定屯兵大名府（仅河北大名）。这一时期，宗泽、梁扬祖、张俊、苗傅、杨沂中等人都在赵构的麾下，赵构的实力渐增，开始谋划设置大元帅府。此时恰逢宋钦宗的

---

① 《宋史》卷二十四《高宗纪》。

诏书送至大名府，宋钦宗认为宋金议和有望，命令赵构屯兵，勿轻举妄动。大元帅府内部出现了两种意见，汪伯彦等人都倾向于议和，唯独宗泽认为这只不过是金人假意议和，实则图谋攻陷京城，他认为应尽快率兵赴澶渊，以支援京城。赵构最终派遣宗泽率万人屯兵澶渊。从此，在主和派的排挤之下，主战的宗泽不能在元帅府中参与谋议。可见，在赵构的大元帅府初建之时，已经显露出了主和派与主战派的对立形势，这为之后的南宋与金之间的和战埋下了伏笔。赵构决定前往东平（今山东东平县），声势大振。

1127 年初，赵构麾下已集结了八万人之众。靖康之变后，金军立张邦昌为傀儡政权后，携宋徽宗、宋钦宗北上回师。张邦昌的傀儡身份为天下人所不齿，很快就被官僚和地主阶级所孤立。宋军人马大多集结在赵构麾下。赵构的皇族身份在北宋遗民心目中依然代表着正统。因此，南宋政权的建立水到渠成。赵构在应天府即位后，便颁布了一系列的政策，内安民心，外御金敌。南宋政权建立之初，起用了主战派的李纲为宰相，任命一些有为将领，并且招兵聚粮，为宋的复兴做了积极准备。

但是，也应该看到当时在南宋朝廷中掌握着实际权力的汪伯彦与黄潜善等人是积极的议和派，这也预示着南宋政权的软弱。

金军北上之后，中原地区义军并起抗金，北宋将领控制了大量的城镇。金政权委以重望的张邦昌政权非但不能发挥作用反而成为民众抗议的对象。金政权对于此种局势也做出了政策和军事上的部署。金政权深知此时尚无法对汉人地区进行有效的统治，为了稳定河北、河东两路，便沿用北宋官吏中的贤能之人进行管理。这是一个聪明、有效的举措，安定了民心。在军事上，宗翰率西路军镇压了郑州宋将的叛变，将洛阳、襄阳、颍昌、汝、郑、均、房、唐、邓、陈、蔡等地的居民迁到河北。宗翰又派遣娄室平定陕西的叛乱，分兵屯守在河东一带。宗望所率领的东路军屯宁在河北，镇压河北人民的起义，转战至山东、陕西。

1127 年夏天，金东路军统帅完颜宗望去世。他是完颜阿骨打的次子，是金军极为重要的将领，他的死对金政权统治阶级内部带来了冲击。宗望的表兄弟斡鲁，金军的重要军事将领也在同一年死去了。在金政权的统治阶级中，宗室具有很强的势力，氏族关系在金朝仍然是起到重要作用的。宗望死后，宗辅继任东路军统帅。1127 年到 1128 年初，金军在河北、河南、山东、山西、陕西发起局部的战争，甚至完全占据了河北。1128 年秋，金政权开始了大规模的攻宋战争，计划颠覆南宋政权，另立傀儡政权对北方进行统治。这次进攻暴露了金军内部的矛盾。东路军统帅认为应集中东西两路大军先占河北，合力灭南宋，之后再进攻陕西。西路军统帅宗翰则认为陕西的战略地位尤为重要，涉及西夏与西辽的局势，应先图陕西，待陕西安定之后再攻南宋。西路军与东路军之间的矛盾在此时已经露出了端倪。双方争执不下，交于金太宗定夺。金太宗最终让东西路军兼顾西辽、西夏和南宋。东路军统帅宗辅与西路军统帅宗翰在濮州（今山东鄄城县旧城镇）召开了一次会议商议具体的战略。西路军派出一支部队与东路军合力攻占东平、徐州。金军自山东一路向南兵锋直指扬州。

宋高宗赵构听闻金军大举进攻，就南下至扬州躲避。金军追击至扬州时，赵构连夜过江逃脱。赵构的软弱其实早在南宋建立之初便有所体现。他虽然起用了主战派的李纲为相，但内心深处仍然倾向于向金屈服以保全新生的朝廷。实际上，金军北还之后，河北、河东之地的人民就自发组织起许多的抗金义军保卫家园。尤其是河北的红巾军，声势最为浩大，并且在与金军的周旋中抢回了一些城镇。如若以宋军对其加以应援，可能河北之地还有收复的希望。但是赵构担忧这些义军一旦势力壮大，便会威胁到自己的统治，不敢依靠这些民间力量。虽然李纲上任之后立刻就河东、河北的军事防御做了部署，对抗金中有突出表现的张所和傅亮委以重任，命其对民间义军进行管理和领导，以图抗击金人，但是李纲很快就遭到了赵构所信任的主和派黄潜善和汪伯彦的暗中阻挠。最终李纲罢相，南宋朝廷中主要的话语权就掌握在黄潜善和汪伯彦的手里。实际上，赵构早就有了南迁避金的打算。正是南宋朝廷的南迁，才引致了金军的南下追击。赵构放弃了河北，由归德逃往扬州，冉渡江逃往杭州，金军便一路追至杭州。赵构初至杭州，南宋朝廷爆发了苗刘兵变。苗傅与刘正彦叛乱，杀同签枢密院事王渊，逼迫高宗退位，请隆祐太后听政并遣使与金议和。这一事件前后共二十几天，高宗才重获皇位。韩世忠率兵抵达杭州勤王，兵变才告结束。

赵构在南下逃跑的同时沿江布下防御工事，但不久之后江东安抚使便投降了金人。宋军的沿江防御线被打破。阿骨打的第四子宗弼趁势攻取杭州。赵构仓皇从杭州逃往越州再到明州。宗弼派阿里、浦卢浑率精兵一路追至明州城下。赵构只携几名重臣乘船泛舟海上，逃脱了金军的追击。金军不习惯江南地区的水土，更不善于水上作战，既然未能追到赵构，便打算在梅雨季节到来之前北上回师。镇江之战就爆发于金军回师途中。1130 年春，韩世忠以水师死守江口，在镇江黄天荡与金军进行了一场正面的战斗。金军骑兵在水上难以发挥战斗力，最终战败。宗弼被围困在黄天荡，甚至沦落到祈求韩世忠放行的地步，最终挖开了一条河道才得以逃脱。《大金国志》记载，宗弼自镇江返回之后便对江南留下了阴影，每每遇到亲朋便执手泪下诉说黄天荡一役的凶险。镇江之战虽然是一次小胜，但是意义却十分重大，鼓舞了宋军抗金的士气。经过此战，金军锐气受挫，见识到了宋军水师的实力，并产生了几分畏惧。

　　在这次金军过江南下追击赵构的过程中，虽然一度占领了南宋的临时国都建康（南京），并且在江南地区劫掠颇丰，但赵构从明州乘船入海逃走，最终没能实现擒获赵构的目标。宗弼返回之后，金政权便计划再立傀儡政权。

2. 宗翰集团扶持刘豫建立伪齐政权
在北方进行傀儡统治
金废除刘豫政权

　　金政权意识到难以在短时间内灭亡南宋政权，再加上连年的战争带来了巨大的财政和人力负担，因此对于南宋的策略由战争转移到"以和议佐攻战，以僭逆诱叛党"上来。①

　　早在 1127 年，金军攻克开封，控制徽钦二帝之后，便立张邦昌"大楚"政权。伪楚政权建立后，张邦昌不敢以皇帝自居，也不用天子之礼，甚至不改年号。在金军携徽钦二帝离开开封北上之后，张邦昌便请元祐皇后垂帘听政，之后便退位了。伪

---

　　①《大金国志校正》卷七。

楚政权遭到了地主阶级和北宋遗民的孤立，维持了三十几天便倒台了。赵构南宋政权建立后，流放了张邦昌，最终将其处死。

1130年7月，金人于大名府（北京）立刘豫为皇帝，伪齐政权正式建立。刘豫伪齐政权的建立与挞懒的举荐和宗翰的支持是分不开的。刘豫原为济南知府。1128年，挞懒率军攻济南，刘豫杀抗金部将关胜，奉城投降。金人让刘豫做东平知府兼诸路马步军都总管。挞懒在攻取济南之后，希望借机在山东发展自身势力，迫切需要培养一位代理人以帮助他稳定山东局势。主动投金并且极力逢迎挞懒的刘豫显然是一个极好的人选。因此，挞懒和刘豫一拍即合，建立了密切的关系。同时，宗翰也向金太宗举荐刘豫。宗翰的谋士高庆裔向他建议抢在挞懒之前向金太宗请命立刘豫。金人立刘豫的表象之下潜藏着金政权统治阶级的内部斗争。

金人在灭亡北宋之后，形成了东朝廷和西朝廷两大对立势力。我们知道，金人在灭辽和灭北宋战争中起到重要作用的两支部队是由宗望统帅的东路军和由宗翰率领的西路军。西路军俘获天祚帝，使辽朝最终灭亡。东路军在攻宋时最先抵达开封。

东西两路形成了两大军事集团。在北宋灭亡之后，这两大集团各自建立了枢密院，成为了金政权控制汉人地区的东、西两个朝廷。宗翰乃国相撒改的长子，他在灭辽战争中发挥了巨大的作用，并在阿骨打死后力主"中外一统"灭亡北宋，在金政权中把持着军事决策权。金太宗就是在宗翰的扶持之下继位的。但是，随着宗翰势力的不断壮大，金太宗对他的隐忧也与日俱增。而东路军统帅宗望乃阿骨打的次子，与西路军不同，东路军的大权基本上控制在金太祖、金太祖一系。为了维护皇权的稳定，金太宗便着力扶植东路军以牵制宗翰。在宗望死后，金太宗便命阿骨打的第三子宗辅担任东路军统帅。除了东朝廷、西朝廷之外，金穆宗盈歌之子，阿骨打的堂兄弟挞懒也想在山东发展自己的势力范围。但与东西路军相比，挞懒的势力无法相提并论。宗翰抢先举荐刘豫，也有着将来控制其傀儡政权的打算。金太宗最终同意了宗翰立刘豫的计划，似乎也存在迫于东路军威的因素。总之，刘豫伪齐政权的建立，一方面是刘豫自身的主观意愿所致，另一方面也是更重要的因素是金政权统治阶级内部势力争夺所促成的。

从结果来看，伪齐政权处于宗翰西朝廷的控制之下。此前，宗翰已将东路军设在燕京的枢密院与云中枢密院进行合并，这样西朝廷就掌握了燕云、河东、河北等地的行政大权。宗翰成为了金政权在汉人之地的实际统治者。刘豫伪齐政权的建立就是在宗翰的重要谋士高庆裔具体操办的。

伪齐政权的傀儡性质在金太宗的《立齐国刘豫册文》中有着明确的界定："以玺绶宝册命尔为皇帝，国号大齐，都于大名府，世修子礼，永贡虔诚。付尔封疆，并从楚旧。更须安集，自适攸居。尔其上体天心，下从民欲，忠以藩王室，信以保邦圻。"[1] 也就是说，伪齐政权向金政权称父，是一个从属于金的藩属国。在北宋故地建立傀儡政权，是金人的一种权宜之策，通过"汉人治汉"不仅可以稳固汉人地区的统治，还能在金与南宋之间建立起一个缓冲地带，以傀儡政权发挥攻宋先锋的作用。

为了满足金政权的要求，伪齐政权甫一建立便实施"什一税"，百姓缴纳的税占到了收入的十分之一，这是非常沉重的经

---

① 《大金国志》卷三十二。

济负担。刘豫还在金政权的唆使之下发动攻南宋的战争，甚至在 1135 年攻下了襄阳。刘豫在大名府被封为皇帝，但他在东平另设东都，并且企图向南扩大政权，1132 年迁都到北宋都城开封。文天祥被俘押至大都途经东平时，曾作诗《东平馆》抒发胸中块垒。

东平馆

憔悴江南客，萧条古郓州。

雨声连五日，月色澈中流。

万里山河梦，千年宇宙愁。

欲鞭刘豫骨，烟草暗荒丘。

在刘豫伪齐政权建立之后的五年时间中，在一定程度上起到了金人预期的缓冲地带的功能，为金政权提供了休养生息的条件。但是岳飞率军于 1134 年对金军发起了反攻，大获全胜，收复了很多失地。伪齐政权的利用价值已经不复存在。庇护刘豫的宗翰于 1135 年去世，同一年，金太宗去世。阿骨打的孙子完颜亶继位，是为金熙宗。与金太宗不同，金熙宗对于刘豫极为反感，于1137年罢免了刘豫的皇帝之位，将其软禁，最终处死。

宗翰死后，西路军势力土崩瓦解，刘豫失去了最重要的靠山。经过伪齐政权的八年经营，北方汉人地区的社会渐趋安定。金熙宗掌权之后便着力进行社会改革，加强中央集权。伪齐政权的军力不断壮大，金政权为了避免将来对其失去控制，同时也为了对北方汉人地区进行直接统治，集中力量对付南宋，便最终废除了伪齐政权。废除刘豫之后，金政权将伪齐的尚书省改为金行台尚书省，对北方广大地区进行直接的统治。

3. 大金与南宋的和战

——陕西争夺战；南宋乞和达成第一次和议；金攻河南、陕西；岳飞抗金；第二次议和

1128 年秋，赵构南宋政权南迁至江南，宗翰、宗辅在攻宋战略上出现了分歧。东路军统帅宗辅认为应该停止进攻陕西，集中东西两路军力过江攻下南宋。但西路军统帅宗翰认为南宋并非金政权的最主要对手。西夏与陕西相邻，之前金人计划联合西夏夹攻宋，但西夏没有同意。耶律大石的西辽政权在西北，与西夏相邻。如若西夏与西辽联合起来，将是一支不可小觑的力量，足以威胁金政权的统治。宗翰从长远之计来考虑，认为北宋已灭，赵构的南宋朝廷此时不足为惧，应当集中力量先削弱西夏免除后患。因此，宗翰主张应该先攻克陕西，强占战略

要地，以控制西夏。除了军事因素上的考虑之外，或许陕西所拥有的得天独厚的交通运输和经济贸易的价值也在宗翰的考虑范围之内。陕西地处丝绸之路经济带，并且拥有连接中原和西北的交通枢纽地位。丝绸之路自从汉朝凿通，经过了一千二百多年的发展，丝绸之路上的经济贸易已经非常发达。西北地区、中亚甚至是欧洲与中原的贸易活动基本上都要通过这条道路。可见，攻占陕西将会为金政权带来巨大的经济收益。宗翰的观点是非常具有前瞻性的。历史发展的轨迹也证明了这一点，金政权后来果然受到了来自于西北的威胁。

但是，东路军统帅宗辅的意见与宗翰不同，他认为应该合东西两路军力前往江南一举灭亡南宋。东路军和西路军的分歧，在一定程度上是金政权统治阶级内部矛盾的外在表现。最终，在金太宗的支持之下，东路军势力的意见被采纳，东西两路军合力攻南宋，宗辅派宗弼过江追击赵构。

1128年冬，在金军下江南追击赵构的同时，宗翰派出娄室、蒲察率军进攻陕西，攻下延安府。紧接着，金军又攻下数个州。1129年，赵构起用大将张浚为宣抚处置使，管理川陕、京西、湖南、北路等地。1129 年冬，金军就包围了陕州（今河南陕县），宋将李彦仙驻守陕州。次年正月，南宋与金在陕州展开了一场极为激烈的攻防战。娄室命令金军从正月初一开始，每天派出一支部队攻城，若没有攻下，第二天则再派出一支军队，计划在一个月内破城。李彦仙从容应对，秘密地派人挖隧道出去，焚烧了敌人的攻城武器，敌人不战而退。娄室赞赏李彦仙的才干，派遣使者招降，但是遭到了他的拒绝。当时，城中的屯粮已经吃完了，李彦仙便煮豆给将士们充饥，自己则只喝汤。金军集结重兵发起总攻，每支部队都有一鼓，击鼓一声，部队前进一步，渡过了护城河之后，鼓声阵阵，金军齐力猛攻。当天，有数万只乌鸦和老鹰在陕州城上盘旋鸣叫，见证着这座城市的陷落。城破之后，李彦仙仍然率众坚持与金军展开肉搏巷战，被金军生擒，最终投河自杀。①

娄室所率的金军在陕西攻下了多个城市，但是在宋军和人民的反抗下，金军无法在此地进行稳固的统治。1130 年春，宗

①《建炎以来系年要录》卷三十一。

弼已从江南回师。宗翰奏请金太宗，合东西两路军之力进攻陕西。之后，宗辅、宗弼率东路军与西路军在陕西会师。宋将张浚力主抗金，集合了六路大军共 20 万兵力。宋金双方于 1130 年秋在富平展开了一场决战。娄室率西路军为左翼，宗弼率东路军为右翼，合力进攻。富平之役麈战一日。据《金史》记载，宗弼率部被宋军包围，其手下一员力将韩常眼中流矢，"怒拔去其矢，以土塞创，跃马奋呼搏战，遂解围，与宗弼俱出"。①宗弼之右翼败退。娄室领左翼力战，经过了六次大规模的战斗，最终获胜。

金军自富平之战取胜之后又接连攻克了多地，半年后就基本上占领了陕西全境。此后，金军便开始据陕望蜀。此前，娄室病逝，宗弼于 1131 年秋集结各路兵力进攻和尚原。和尚原（仅陕西宝鸡西南）位于陕西和四川的交界处，是交通要道。宗弼渡过渭水进军和尚原。张浚命令吴玠据守在和尚原。吴玠与其弟吴璘领着从富平之战中撤下的数千残兵迎战宗弼的数万

---

① 《金史》卷七十七《宗弼传》。

大军。这是一场以少胜多的战争奇迹。吴玠、吴璘兄弟两人挑选精兵参战，先派弓弩手分批射箭，箭矢密密麻麻射向敌人。等敌人后退，再派骑兵攻击，断绝敌人的粮道。三天之后，打破金军，俘获甲兵万余人。宗弼在这场战斗中了两支流矢，这是他自从进入中原作战以来最为惨重的败绩。

两年后，宗弼卷土重来，率兵攻占了和尚原。吴玠、吴璘兄弟率军死守大散关，令金兵不能进入四川。当时金兵的粮草已尽，瘟疫在军中盛行，士兵丧失了战斗力。宋军方面，张浚与吴玠兄弟勠力同心，以身作则，将士们皆被他们的抗金意志所感染，最终保全了四川。金军虽然攻下了陕西，但仍然无法再向南扩张。

可能金统治者终于认识到无法在短期之内彻底推翻南宋政权，经过了长期的僵持之后，于1137年和南宋开启了漫长的和谈。其实，早在南宋政权建立之初，赵构就曾派遣使者试图与金达成和议，甚至不惜付出高昂的代价。但是当时金政权企图擒住赵构，一举灭亡南宋，并没有真正的与南宋议和的意图。然而，经过了几年的战争，金军久攻四川不下，金政权开始重新考虑与南宋议和。除了军事上的止步不前，金政权统治势力的变化也是促成金宋和谈的一个重要因素。1135 年，金太宗去世，金熙宗完颜亶继位，女真贵族阶级内部斗争愈加激烈。金熙宗有意翦除西路军势力，罢免了宗翰的都元帅，并收回兵权，除掉了宗翰的谋士高庆裔。两年后，宗翰郁郁而终，西朝廷势力彻底瓦解。宗翰势力虽然不复存在，但是挞懒掌握了军权，与宗磐（金太宗嫡长子）、宗隽（阿骨打第六子）联合起势，倡议与南宋议和，将河南、陕西还给南宋，旨在夺取金朝皇位。金熙宗需要腾出手来应对女真贵族之间的族系斗争，以巩固政权。同时，金熙宗欲推行新政，期望对金进行从上到下的社会改革。而要实现改革的政治理想，金熙宗迫切需要一个和平、稳定的社会环境。因此，他逐渐倾向于和南宋进行和谈。另外，1135 年宋徽宗在五国城去世，令金失去了一个牵制南宋政权的外交筹码，这也在一定程度上促使金政权尽快与南宋进行和谈。实际上，早在南宋政权建立之初，朝野中就出现了关于"迎徽钦二帝"的讨论，李纲就是这一提议的拥护者，但是赵构似乎对此始终具有矛盾心理，徽钦二帝一旦回朝必然会影响他的帝位，或许徽宗之死令他松了一口气。

南宋方面，自建立之初，在主和派黄潜善等人的倡议下就多次遣使求和。可以说，南宋在十几年中一直向金开放着和谈的通道。1132年，南宋在抵御刘豫伪齐的进攻之时，又向金发起和谈。1134年秋，南宋派遣魏良臣使金，此次和谈不惜付出绢25万匹、银25万两的高昂代价，并且愿意放弃河南、陕西、山东等地只求保全江南一隅，南宋的苟安屈金展露无遗。此次议和，秦桧起到了推波助澜的作用。

秦桧，北宋进士，官至御史中丞，靖康之变中被金军掳走。金太宗将秦桧赐给自己的堂兄弟挞懒任用。其他被掳官员大多被金军或流放或监禁，而秦桧则在金军中如鱼得水，留在燕山府，成为了挞懒的参谋军事。1130年，挞懒率军进攻楚州（今江苏淮安），秦桧随行。据秦桧所言，当年九月，他携家属逃出金军，取道涟水军（今江苏涟水）乘小船至江南。关于秦桧南归一事，历代史家认为疑点重重。依据秦桧与挞懒在金军中的关系，推测秦桧在金军时曾主张议和，而挞懒则故意放他回南宋朝廷，但这毕竟仅仅是一种推测。^①秦桧回到南宋之后，在宰相范宗尹、枢密院李回的力保其忠心之下重回朝野，高宗任命他为礼部尚书。秦桧初回朝廷，便提出了"如欲天下无事，南自南，北自北"的言论，掀起了轩然大波。他还写了给挞懒的求和国书，呈给高宗。或许秦桧的力主求和与赵构对金的态度是相契合的，在高宗的支持下，秦桧在短短几个月的时间里就一路从礼部尚书升任宰相。高宗有意在朝廷中扶植起一支以秦桧为代表的主和派势力。到了1135年宗翰去世后，挞懒掌握了军权，并且极力提倡与南宋议和。1138年，秦桧再一次拜相，掌握了军政大权。秦桧的求和行径遭到了主战派的抵制，枢密院编修官胡铨曾上书高宗陈述秦桧之罪。然而，高宗对他包庇有加。究其根源，大概是由于秦桧的"南自南，北自北"之论暗合了赵构偏安江南，稳坐皇位之心理。

　　1138年冬，金与南宋达成了第一次议和。金派张通古为江南诏谕使出使南宋，册封赵构。金政权称这次出使为"使江

---

①《建炎以来系年要录》卷三十八。

南"，而非使南宋。张通古来到江南之后，极力羞辱赵构。高宗面向南坐，让张通古面向北坐，张通古说："大国之卿当小国之君。天子以河南，陕西赐之宋，宋约奉表称臣，使者不可以北面"。[①]赵构为求和忍辱设东西位，让张通古面向东坐，自己则面向西坐，并且行拜礼接受了金政权的册封。金政权居高临下的态度令南宋朝廷舆论一片哗然，主战派纷纷反对议和。高宗最终下了一道戒和诏，以迎宋徽宗之棺木为由平息了这场舆论。这次议和，南宋对金称臣，每年缴纳 25 万两银、25 万匹绢；金将河南、陕西交还给南宋，还将宋徽宗和韦太后的棺木还给南宋。

金与南宋之间的第一次和议维持了不到两年的和平。1140年，金政权发起了进攻河南、陕西的战争。将河南、陕西之地交与南宋，本是挞懒和宗磐等主张的。当时迫于挞懒、宗磐的势力，金熙宗做出了让步，同意与南宋议和。但是，挞懒、宗磐、宗隽等人被杀，金熙宗掌握了军政大权，金政权统治阶级

---

①《金史》卷八十三《张通古传》。

内部的斗争平息，便开始发动新一轮的战争，企图重新夺回河南、陕西等地。

金军兵分两路，由宗弼率一路进攻开封，撒西喝率一路进攻陕西。南宋以岳飞、韩世忠防御。金军势如破竹，两个月后便攻占了河南、陕西。此时南宋朝野上下抗金呼声高涨，以岳飞、韩世忠为首的大将、官员主张竭力抗金，收回河南、陕西失地。宋高宗也下达抗金檄文，并且进行了军费的拨款以及人力、物力的准备，表现出了抗金的决心。南宋对于金的反攻，起初取得了一番成绩，岳飞、韩世忠、吴璘等部皆取得了数次大捷。但宋军在濠州（安徽凤阳）一战中遭受重创，最终败走江南。金军重新占据了河南、陕西。

1141 年，金与南宋之间又开始了第二次议和。这次议和的过程中，抗金名将岳飞坚决反对，力主收复失地，成为议和的障碍，最终被宋高宗和秦桧杀害，终年 39 岁。岳飞奋勇抗金成为了南宋人民心目中的英雄，他的事迹在坊间广为流传，也成为了后世诗人吟咏的对象。

岳飞，字鹏举，相州汤阴（今河南汤阴县）人，靖康末年参军，此后便积极地进行抗金斗争。起初，岳飞在王彦麾下抗金，战果累累。绍兴年间，岳飞曾率宋军镇压了湖南、江西等地的农民起义。高宗对他大为赏识，封他为镇南军承宣使、江西湖南制置使、神武后军统制。刘豫伪齐攻南宋时，岳飞率军抵抗，大败伪齐军。岳飞率部战斗力极强，以至战无不克，令伪齐军闻风丧胆，金军也对其有所忌惮。早在金与南宋第一次议和时，岳飞就坚决反对，并且上奏高宗坦言自己收复失地的抱负："不可与和，缘虏人犬羊之性，国事隙深，何日可忘。臣乞整兵复三京陵寝，事毕，然后谋河朔，复取旧疆，臣之愿也"。[1] 可见，岳飞的志向不仅仅是抗金，他还心怀天下，时时刻刻想着收复旧疆。也正是因为这样，他才获得南宋百姓的拥戴，成为抗金英雄。

1140 年，金政权撕毁和约，进军河南、陕西。起初，高宗下诏号令各路进军抵抗。宗弼率金军进攻河南，他的精锐兵力与岳家军展开了一场大规模的战争。岳飞命令诸将分道出击金

---

① 《三朝北盟会编》卷二百〇七《岳侯传》。

军，他则率领骑兵驻扎在郾城（今河南漯河境内）。宗弼对于岳飞的挑衅怒气冲冲，他集结了多部兵力逼近郾城。岳飞派遣岳云率轻骑兵为先锋，径直冲入金军兵阵，鏖战几十个回合，金军骑兵阵脚大乱。岳家军突如其来的骁勇攻击，令宗弼大惊失色。宗弼有一支精锐骑兵，皆披重铠，三人以锁链相连，人称"拐子马"，作战时所向披靡。然而在这场战役中，岳飞命令步兵持刀入阵，专砍马腿，拐子马相连，其中一匹马倒下了，剩下的两匹就不能再战。久经沙场取得无数次辉煌战果的"拐子马"全军覆没。紧接着，岳飞率部赶往颍昌（今河南许昌），与宗弼军再战。惨败的宗弼只能灰溜溜地带着残部向北逃去。之后，岳飞进军距离开封四十五里的朱仙镇，再败宗弼军。

经此大捷，岳飞抗金的信心倍增，他上表高宗，请求"深入虏境，复取归疆"①。然而此表却令秦桧勃然大怒，如若岳飞乘胜追击，将会破坏他"以淮河为界，放弃北方"的议和计划。他先请张俊、杨沂中等将领回师，再以岳飞兵弱将少为托词，

①《三朝北盟会编》卷二百〇七《岳侯传》。

一日之内奉十二道诏书，令岳飞回师。岳飞无奈班师，面向故土感叹："十年之力，废于一旦。"[①]

金人经过数次败绩深知无法灭亡南宋，便向南宋发起和谈，岳飞再次激烈反对。宗弼向秦桧提出了和谈的条件：杀岳飞。秦桧编造岳飞的谋逆之罪，经过宋高宗的批准，于1141年冬将岳飞毒死。一代抗金名将就这样屈辱地死去。秦桧也因此在历史上成为了遗臭万年的人物。岳飞虽然是武将，但是自幼熟读诗书，留下许多诗词，为后世传唱，其中一首《满江红·写怀》慷慨激昂："怒发冲冠，凭栏处、潇潇雨歇。抬望眼，仰天长啸，壮怀激烈。三十功名尘与土，八千里路云和月。莫等闲，白了少年头，空悲切。……"

金人之所以发起和谈，原因是多方面的。金熙宗继位以来，金政权统治阶级内部进行了剧烈的斗争。金熙宗、宗弼一派消灭了宗翰、宗磐、宗隽等势力，后来又废掉刘豫，灭挞懒。金熙宗的敌对势力基本上消灭殆尽，国家权力集中在金熙宗手中。

---

① 《宋史》卷三百六十五《岳飞传》。

然而，这一内耗大幅度削弱了金军力量，完颜阿骨打时期猛将如云，兵不厌战的局面一去不返。而金熙宗有志于进行社会改革，完善经济、政治制度，急需一个安定的社会环境。金与南宋的第二次和谈，虽然由金人首先发起，但是南宋依然处于劣势地位。宋高宗但求保住自己的半壁江山，无意收复北方失地，议和正是他梦寐以求的结果。为了达成议和，他不惜除掉反对和谈的主战派大将和官员。1142 年，金与南宋正式达成了和议。高宗极尽谦卑地向金称臣奉表，自称南宋为弊邑。南宋每年向金贡 25 万两银、25 万匹绢，每年的春季使人送至泗州（安徽省东北部）交割，以淮河中流为界，割让唐、邓二州给金。这一次议和维持了金与南宋将近二十年的和平。和议签订之后，金与南宋在边界地区设置多个榷场进行贸易。

金军在攻陷开封之后，携徽钦二帝北上，立张邦昌傀儡政权控制中原汉人区域。但是，事与愿违，张邦昌政权只维持了三十三天便倒台了。南宋政权建立，赵构即位后南迁至建康。金人原本打算抓捕赵构，颠覆南宋政权。但是金军在过江之后，并不适应江南的水土，也不善于水上作战。宗弼所率的东路军在黄天荡遭受了惨败。赵构一路南逃，最终乘船入海，逃过了金军的追击。北上回师之后，宗弼便视江南为畏途。灭亡南宋的计划失败之后，金政权便另立刘豫伪齐政权对中原地区进行控制。经过了十几年的战争，金政权始终无法实现颠覆南宋政权的目标，而不得不接受与南宋政权相并存的局面。金熙宗继位之后，金政权统治阶级内部展开了剧烈的斗争。金熙宗、宗弼一系先后除掉了东路军、挞懒、宗磐、宗隽等势力，并且废刘豫，掌握了军事、政治大权。女真贵族集团内部的斗争削弱了金军力量，厌战情绪在金军中蔓延。金熙宗有志于进行社会改革，也急需一个稳定的外部环境。而宋高宗但求皇位稳固，维持半壁江山，无意恢复旧土。虽然南宋不乏抗金的优秀将领，如岳飞、韩世忠等人，但是高宗的求和态度坚定，在秦桧等主和派的推波助澜之下，南宋始终对金敞开着和谈的通道。金军重新攻占了河南、陕西之地后，便与南宋开始了和谈，1142 年金与南宋签订了和约，结束了长期的战争局面。并且在边境多地开设榷场贸易，金与南宋之间的经济、文化交流繁荣发展起来。

问题八：

大金的历代皇帝

都是什么样的人？

1
从金太祖到海陵王

2
从金世宗到卫绍王

3
章宗、卫绍王、宣宗、
哀宗与昭宗

1115年，完颜阿骨打在上京建立政权，国号"大金"，建元"收国"。金政权自1115年建立，1234年灭亡，共传十帝，维持了119年的统治。金政权是由女真族群为主体所建立的。在金政权建立之前，女真人处在辽的统治之下。完颜部的势力逐渐壮大，在女真族群中享有着较大的影响力，随着完颜阿骨打树起抗辽的大旗，长期受契丹压迫的女真人凝聚起来形成了一股抗辽势力。"抗辽"成为了女真族群的共同意志，他们因此而逐渐凝聚成为一个共同体。完颜阿骨打在建立政权之后，加紧了抗辽的步伐。女真人善于骑射，骁勇善战，猛安谋克制的军事制度加强了女真的战斗力。这一时期，辽朝已经走向衰落，天祚帝的骄横加速了统治的崩毁，契丹统治阶级内部斗争和女真的猛烈攻击之下都令他焦头烂额。金政权灭亡辽朝的过程是十分迅速的，1122年左右就占领了辽朝大部分的土地。一路逃亡的天祚帝最终在1125年被俘，宣告了辽朝的正式灭亡。之后，金政权仅用了不到两年的时间就灭亡了北宋，将领土扩张至河南、陕西一带。南宋政权建立之后，金最初试图抓捕赵构，灭亡南宋，但经过多年战争仍没有达成目标。最终于1142年签订和约，以南宋向金称臣纳贡结束了战争。至此，金政权维持了二十余年的战争告一段落，开始由扩张领土转移到社会治理上来。直到金末，北方的蒙古崛起，在南宋与蒙古的夹攻之下，金政权走向了灭亡。

金代的十位皇帝，他们的人生经历各不相同，表现出了不同的抱负和志向。他们的作为也对金政权的统治产生了多方面的影响。从这十位皇帝的生平经历出发，探索金政权的发展脉络，应是一个饶有趣味的思路。

金代世系表 ①

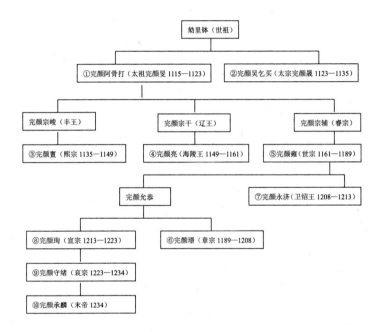

---

① 世系表内年代为在位起止时间。

1. 从金太祖到海陵王

——金太祖建国灭辽奠基业；金太宗继承遗志灭北宋；金熙宗从改革到荒政；海陵王暴君的另一面

金太祖　建国灭辽奠基业

金太祖完颜阿骨打，生于 1068 年，1123 年去世，是金世祖劾里钵的第二子，后来改名为完颜旻。史书记载，他"臂垂过膝，身长八尺，状貌雄伟，沈毅寡言笑，而有大志"，尤其擅于射箭，力大无比。[①] 世祖十分喜爱这个儿子，对他寄予厚望。有一次，世祖在与腊碣、麻产部战斗中身负重伤，让年幼的阿骨

———————
[①]《大金国志校正》卷一。

打坐在自己的膝上，抚摸着他说："此儿长大，吾复何忧？"1109年，女真人遇到了灾荒，饿殍遍野，盗贼横行，民不聊生。阿骨打在这次危机应对中积累了声望。1113年，康宗去世，阿骨打继任成为联盟长称"都勃极烈"。阿骨打是一位智慧、果敢而且志向远大的女真领袖。他扛起了"抗辽"的旗帜，将长期受到契丹人压迫的女真人民团结起来，发起抗辽战争。自起兵反辽不到一年，完颜阿骨打在一次又一次的战争中开疆拓土，声名大振。1115年正月，完颜阿骨打成为了金政权的开国皇帝，定国号为"大金"，改元收国。完颜阿骨打实现了女真政治组织质的转变，他的野心已不仅仅局限于部落联盟中的"都勃极烈"，而是一个政权的统治核心。

金政权建立之后，阿骨打加紧了抗辽的步伐，他深知只有抗辽成功才能使新生政权得到稳固。很快，完颜阿骨打率兵攻克了黄龙府，击败了辽朝号称七十万的大军。在抗辽战争的同时，生女真、熟女真、兀惹、铁骊等其他部落民族逐渐凝聚，完颜阿骨打多次申明女真之间的宗族渊源，并且提出"女真、渤海本是一家"，促进女真共同体的形成。随着抗辽战争的接连胜利，完颜阿骨打成为了东北地区最为耀眼的一位领袖。熟女真、渤海以及铁骊、兀惹、黄头室韦、达卢古部、靺鞨部、五国部、蒲卢毛朵部，甚至包括一部分契丹人和汉人等都加入到了女真族当中。金军于1122年左右就占领了辽朝大部分的土地。天祚帝则在夹山逃亡。阿骨打亲自率兵追击天祚帝，但他再次逃走。1122年冬，金军攻至燕京。此前，金与北宋已经定下海上之盟，北宋配合金军攻辽，成功后取燕云十六州。但是宋军积弱，未能攻克燕京，最终宋徽宗无奈请求金军攻城。1123年，金军攻克燕京，阿骨打履约，将燕京及六州之地交给宋朝。留下斡鲁、宗望率部继续追击天祚帝。完颜阿骨打则北上回师，在返回上京的途中病逝。他率领女真人完成了抗辽大计，并且推翻了辽朝的统治，将势力扩张至燕京一带。与此同时，女真人的统一也基本完成。概括来说，完颜阿骨打是一位卓越的军事将领和政治领袖，他奠定了金政权百余年统治的基础。

金太宗　继承遗志灭北宋

阿骨打死后，他的弟弟吴乞买继位，是为金太宗。吴乞买是劾里钵的第四子，与阿骨打同母所生。吴乞买曾力劝阿骨打称帝，建立政权。金政权建立后，阿骨打任吴乞买为谙班勃极烈，既是首席大臣，也是皇储。阿骨打率兵征战在外，吴乞买处理国政，实为阿骨打的得力亲信。1123 年八月，金太祖去世。九月，完颜杲（劾里钵第五子）、完颜昂（劾里钵最幼子）、完颜宗峻（吴乞买嫡长子）、完颜宗干（吴乞买庶长子）率宗亲两次请吴乞买登基，吴乞买都没有答应。完颜宗干带着几个弟弟将赭袍披在父亲的身上，并把国玺放在他怀里，吴乞买就这样继位了。改元天辅为天会。赐文武官爵，按照完颜部传统，任命其弟完颜杲为谙班勃极烈。金国的谙班勃极烈制度可以追溯到胡来时期，后来便立下兄弟相传的皇储制度。吴乞买以其庶长子完颜宗干辅理国政，完颜宗翰（国相撒改之子）、完颜宗望（阿骨打次子）处理军事。金太宗时期，基本上形成了完颜宗翰统领西路军与完颜宗望统领东路军的军事局面，尤其是宗翰具有超群的军事才能和政治谋略，在阿骨打死后，宗翰在金军中的威望甚重，以至于一度掌握着军事决策权。

吴乞买继位后，首先派兵继续追击天祚帝。1125 年，完成了兄长阿骨打的遗志，天祚帝被完颜娄室捕获，辽朝正式灭亡。吴乞买通过一系列的政策，或招抚或镇压，稳定了占领区的统治。之后，吴乞买便开始实施攻宋计划。金军攻宋起初进行得很顺利，1127年攻克汴京灭亡北宋，立张邦昌傀儡政权，掳走徽钦二帝北上回师。但是张邦昌政权很快就倒台了。赵构建立南宋政权。金太宗派兵追击赵构，赵构南下由海上逃脱。经过十几年的战争，金政权都没能实现灭亡南宋的计划，不得不接受与南宋政权并存的局面。于1142年订立的和约，维持了金与南宋十几年的和平。

金政权建立之初，仍然是一个较为落后的奴隶社会。金太宗继位后进行了一系列的改革。首先是行政制度上的改革。自从金领土扩张至燕云之地，就面临着如何统治辽及宋故地的问题。金模仿辽朝的因地适宜的分治制度，建立枢密院统治汉人区域，以汉制汉的汉官制稳定了中原地区的民心。金东路军统帅宗望在燕山设立枢密院，西路军统帅宗翰在云中设立枢密院，金在中原地区同时存在东西两个朝廷。1128年，宗翰将燕京枢密院合并于云中，他就成为了金政权在中原地区的实际统治者。

在经济上，金太宗时期实施较低的牛头税，鼓励农业生产。此外，金太宗还开科举，选拔人才。由于族群差异，金代的科举分为南选和北选两类。河北、河东两路原为北宋故地，而燕京、平州之地原为辽朝故地，所学内容及科考标准有所差异。因此分为两类，河北、河东之地为南选；燕京、平州之地为北选。科举制度是金代为选拔汉人官员所设置，在取士的同时促进了文化发展。

金太宗继位后继承和发展了完颜阿骨打所创立的统治。但是，他在位期间，金政权统治阶级内部矛盾开始突显。完颜阿骨打时期的众心团结、铁板一块的局面不复存在。早在1121年，宗翰便提出了"中外一统"的观念，得到了阿骨打的支持。宗翰掌握着兵权，并且在军事决策中具有较大的话语权。尤其是在灭辽之后，宗翰的西路军势力极为强大。随着攻宋战争节节胜利，宗翰在中原的势力渐盛，之后又请太宗立刘豫为伪齐皇帝，合并两枢密院，间接掌握了中原地区的统治。宗翰的"西朝廷"势力越来越大，甚至到了可以和金朝廷相抗衡的地步。金太宗为了牵制宗翰，有意扶植东路军势力，并且限制宗翰控制的元帅府的权力。金太宗时期，金政权统治阶级内部出现了分化，即宗翰为代表的西路军势力，以及金太宗所扶植的东路军势力，另外还有较弱的挞懒势力。这些势力之间存在着对立和斗争，矛盾逐渐激化，在金太宗在位末期达到了高潮。

1130 年，谙班勃极烈完颜杲去世，金太宗对于继承人的问题犹豫不决，在一年多后才立太祖嫡孙完颜亶为谙班勃极烈。这期间，争夺谙班勃极烈的斗争非常激烈。宗磐以太宗嫡长子的身份也想要成为皇位继承人，但他的才能不如宗翰、宗望，遭到了宗翰、宗干、宗辅等人的强烈反对。宗干乃太宗的庶长子，具有治国理政的才能，也想夺谙班勃极烈之位。宗翰乃国相撒改之子，军事、政治才华都很突出，但他不是太祖嫡系，虽然有远大志向，但是无法逾越女真兄弟相传的继承传统。皇位继承权的斗争愈加白热化。手握兵权的宗翰、宗辅、希尹（欢都之子），与宗干达成共识：立太祖嫡孙完颜亶。这是一个折中之策。完颜亶当时仍是幼儿，他的父亲宗峻早亡，他的母亲蒲察氏便依照女真传统嫁给宗干。宗干作为完颜亶的养父，对于立其为皇储是十分赞成的。宗翰为避免皇位落入宗磐手中，立一个幼儿做皇储，能够保证自己势力的安全。而宗辅乃太祖之子，立太祖嫡孙对他来说好过皇权旁落。在各方势力的较量中，立完颜亶成为了平衡点。

金熙宗　从改革到荒政

1135 年，金太宗去世，年仅 18 岁的完颜亶继位，是为金熙宗。金熙宗尚且年幼，其视若己出的养父宗干辅政。熙宗对于金政权所做的改革及治理，非常老到而精准，很难想象这是出于一个少年之手，宗干很有可能起到了幕后主导的作用。熙宗继位后，便大刀阔斧地消除异己势力，他罢免了宗翰的都元帅，上演了以相位易军权，杀宗翰的重要谋士高庆裔，宗翰集团迅速瓦解。1137 年夏，宗翰郁愤而终。宗翰死后，刘豫失去了庇护，金熙宗废掉刘豫，在开封设行台尚书省，将中原地区纳入到了直接统治之下。随后，金熙宗借助完颜希尹等势力牵制宗磐。而宗磐与挞懒（太祖堂兄弟）、宗隽（太祖之子）联合，倡议废刘豫之后，将河南、陕西等地还给宋，并且谋求篡夺政权。金熙宗以谋逆之罪处治了。至此，宗翰、宗磐、宗隽和挞懒等势力皆被清除，金熙宗实现了中央集权。

金统治阶级的内部斗争告一段落，金熙宗便着手进行了自上而下的社会改革。1138年，金熙宗废除了女真传统的勃极烈制，在辽、宋的官制基础上制定了新的官制。在皇帝之下设太师、太傅、太保三师，太尉、司徒、司空三公；中央设三省（尚书省、中书省、门下省）六部（吏、户、礼、兵、刑、工）；地方上设路、府、州、县。地方上施行军政合一的管理制度，地方官员兼管军事和政务，这也是女真长期保存下来的传统。金代的统治机构自此奠定。金政权建立初期，尚无尊卑秩序，阿骨打本人与军兵同吃同住。官员制度也只有部落时代流传下来的勃极烈制，非常落后。直到金熙宗的政治制度改革，才完成了中央集权制的统治制度，开始了向封建社会的转变。

此外，熙宗效仿汉文化中的礼制，定下朝参、乐舞、祭祀等礼仪。至于熙宗本人对于汉文化也十分推崇，他自幼接受汉文化教育，熟读儒家经典，被称为"宛然一汉家公子"。他亲自祭拜孔子庙，主张尊孔读经。这与之前的金统治者判然有别。金朝皇帝之威仪自金熙宗始彰显。

金熙宗大力推广猛安谋克屯田制，将女真人、契丹人迁徙至中原地区进行屯田耕种，与汉人杂居。女真人的传统是战时从军，闲时耕种畜牧。进行屯田之后，女真人与土地之间的关系更加密切，从游牧转移到农耕的生产方式上来。将女真人南迁，除了促进农业生产之外，还起到了巩固占领区的作用，从长时段的历史发展来看，更是促进了女真与汉人的族群融合。金熙宗施行这一政策的本意是使得猛安谋克获得土地和发展，但是从结果上来讲并不尽如人意。许多猛安谋克户分到田地后，并不喜耕种，而是租或卖给汉人种，自己则终日饮酒享乐，终至贫穷。猛安谋克的衰落在后来形成了一个很大的社会问题。

　　女真人旧无历法，靠数草木青黄来计算时间。金熙宗继位后颁定了历法，从此改变了女真人不知年月的蒙昧状态。金代的第一部法典《皇统制》也是熙宗在位时期所颁行的。《皇统制》大体上模仿了大宋律法。此前，女真人并无成文法可依照，而是靠旧俗来约束人民的行为。《皇统制》的颁布是女真社会进步的一个标志。

　　熙宗继位初期表现出了一位勤勉执政、力行改革的帝王形象。他年少继位，在宗干的辅佐之下大胆地消除敌对势力，加强皇权，废除勃极烈制，改革政治制度，使金政权的统治发生了天翻地覆的变化。在军事上，熙宗时期，重新攻占了河南、陕西之地，令南宋称臣纳贡，稳定了边疆局势。但是，金熙宗统治的后期，却性情大变，酗酒成瘾，荒于朝政。熙宗年幼时即被宗干收养，他与宗干感情极深，时常共商国是。熙宗前期所开创的政绩很大程度上得益于宗干。1141年宗干去世给熙宗很大的打击，他悲恸至极，辍朝七日。宗干死后，熙宗就日夜饮酒，荒废了政事。醉酒后的熙宗动辄暴怒，多次在酒后杀大臣，令群臣畏惧，无法再信任他。在宗干死后，宗弼继续辅政，但是七年后宗弼也去世了，熙宗便愈加自我放纵。他的酗酒纵情终于招致了无法挽回的祸端。

1149年，熙宗在他统治的最后一年被酒精麻痹了心智，并且听信谗言，猜忌甚重，铸成大错。当年四月的一个夜晚，风雨交加，电闪雷鸣，震坏了熙宗寝殿房脊上的鸱尾（避火灾的饰物），并且引致火灾，烧毁了帷幔。熙宗到别殿躲避。过了几天，又出现了大风天气，摧毁了民居和官舍，瓦片、牲畜还有平民被大风卷走十几里，死伤者数百人。五月，熙宗以天变，大赦天下，命翰林学士张钧起草赦诏。参知政事萧肆向熙宗进谗言，说张钧草拟的诏书中有诽谤皇帝之意。熙宗怒杀张钧。这仅仅是熙宗荒谬行径的开始。之后，熙宗接连责罚平章知事秉德，杀左司郎中三合，并在海陵的调唆之下杀其弟常胜、查剌，再杀悼平皇后。熙宗接二连三的屠杀，使自己一步一步走到了危险的边缘。

一个密谋篡夺金政权帝位的集团正在悄悄形成。海陵王（完颜亮）是宗干的第二子，青年时期曾在宗弼的军中任职。在《大金国志》的记载中，海陵王是一个城府极深的人。他在中京结识了一位谋士萧裕，萧裕成为了他谋逆集团中的核心成员。熙宗自幼被宗干收养，对于海陵也极为信任。海陵于1147年拜相，两年之后就手握大权。熙宗纵情饮酒，对隐藏的危机浑然不觉，正如《金史》所言："前有谗而不见，后有贼而不知。"①

1149年十二月初九，那是一个寒冷的冬夜。皇帝内侍兴国

①《金史》卷四《熙宗纪》。

偷了令牌，假传皇帝诏驸马唐括辩等人进宫。海陵与妹夫特斯跟随驸马进了宫门。一行人等径直走到寝殿门口，殿前卫士发觉，但为时已晚，被贼人抽刀制服。护卫十长忽土、阿里出虎至熙宗榻前，熙宗寻找榻上佩刀，佩刀却早已被内侍兴国拿走了。海陵上前手刃熙宗，鲜血溅满了他的衣襟。熙宗就这样在一场事先谋划的政变中死去。左丞相秉德等人奉海陵坐上皇位，跪拜高呼万岁，海陵便成为了大金国的皇帝①。

海陵王　暴君的另一面

海陵王的权柄上沾满了鲜血，弑帝之后，他的屠杀并没有停止。海陵最先杀前朝重臣宗敏（完颜阿骨打之子）、宗贤（完颜习不失之孙），以儆效尤。宗敏是熙宗最为倚重的大臣，接替了宗弼继续辅政。他是海陵称帝的最大障碍。海陵弑君后便以熙宗要商议立后之事为由召见宗敏。宗敏本不敢见，但无计逃脱只得无奈入宫。海陵令忽土持刀击杀宗敏，"宗敏左右走避，

---

① 《金史》卷四《熙宗纪》。

肤发血肉，狼藉遍地"。^①宗贤掌军政大权，为熙宗之忠臣。杀掉了宗敏和宗贤，在海陵的威慑之下，无人敢反对他登上帝位。他趁势组建了新的政权，谋逆集团的成员按照约定都获得了相应的职权。"秉德为左丞相兼侍中、左副元帅，辩为右丞相兼中书令，乌带为平章政事，忽土为左副点检，阿里出虎为右副点检，贞为左卫将军，兴国为广宁尹。"^②海陵改皇统九年为天德元年，宣布大赦天下，正式称帝建制。

海陵到太祖庙祭祀，以宣示其正统地位。紧接着，海陵对朝廷官员进行重组，罢免了熙宗时期的参知政事萧肆，并罢免太傅萧仲恭、尚书右丞完颜禀，将自己的谋士萧裕任命为秘书监，以唐括辩为左丞相，乌带为右丞相，弟衮为都元帅，形成了自己的政权组织。

政权中心建立后，海陵为了巩固帝位便将矛头对准了异己的宗室势力，开启了金政权统治阶级中最为惨烈的斗争。他屠杀了太宗后裔七十几人，宗翰子孙三十几人。海陵与他的谋士

①《金史》卷六十九《宗敏传》。
②《金史》卷五《海陵纪》。

萧裕一起炮制了太宗、宗翰后裔的谋反罪名。据《金史·宗本传》记载，萧玉（宗本亲信）向海陵揭发了宗本、秉德欲内外勾结谋反之事。但萧玉的揭发另有隐情。海陵、萧裕想要除掉宗本、秉德，但唯恐大臣质疑，萧裕便想出了由宗本亲信萧玉揭发宗本谋反之罪的方法以使众臣信服。那天，恰逢萧玉送客出城，酩酊大醉，露发披衣。萧裕派人将他送到自己的弟弟萧祚家里。等到暮色四合，萧玉酒醒了，看到守在他周围的军士，以为自己为人连累获罪，便号啕哀求道："臣未尝犯罪，老母年七十，愿哀怜之。"萧裕告诉他："主上已经诛杀了宗本等人，你只要按照罪状揭发宗本谋反之事便可，不然，恐怕会殃及你的家人。"果然，海陵王问萧玉时，萧玉便按照萧裕的吩咐揭发了宗本的谋反。宗本就这样被安上了谋反的罪名。

诛杀宗本、秉德之后，海陵接连诛杀太宗子孙，又杀秉德兄弟以及宗翰子孙，以致太宗后人、宗翰后人均从此断绝。后来，海陵故技重施，以谋反罪名诛杀斜也（阿骨打同母弟）子孙百余人，海陵时期的宗室斗争比熙宗时期有过之而无不及，他也因此在历史上留下了"暴君"的名号。海陵想尽一切办法巩固自己的帝位，他频繁地对中央政权组织结构进行调整和重组，避免重臣势力坐大。在一次次的人员调整中，完颜宗室成员基本上被排斥出局，得到海陵王重用的一般为其亲信，或在巩固皇权斗争中做过贡献的人。登基七年后，海陵王撤销了一直由丞相所管理的中书省和门下省，只留下尚书省通达政令。由此一来，海陵王直接控制尚书省，没有了中书、门下省的牵制，中央政权几乎全部掌握在皇帝手中。

金政权的都城上京位于今天的黑龙江阿城县内。上京是金政权的龙兴之地。但是随着金政权领土的扩张，从金领土的整个地理范围来看，上京偏北。燕京位于金领土范围的中心位置，其经济发展要优于上京，而且金政权此前在燕京设枢密院，后改为行台尚书省，奠定了统治基础，海陵称帝第二年便罢行台尚书省，将淮河以北汉地进行直接统治，为迁都做好了准备。南下迁都是海陵的一桩心愿，也是他实现统一江南之政治理想的必经之路。燕京在海陵王的眼中象征着"中心"。他将燕京改名为"中都"，满怀憧憬地迁都到此地以建立天子的威严。

1151年春天，海陵便开始筹备兴建燕京都城，而且迁都之心极为迫切，甚至不顾宫室修建时辰的凶吉占卜，要求从速修建。中都在原燕京城的基础上进行大规模的扩建，海陵王不断催促工期，如此浩大的工事征来了无以计数的人民，他们日夜辛劳，在夏季的一场流行瘟疫中，许多人丧生。燕京都城的主体建筑只用了两年时间便基本修建完成了。中都的宏伟壮丽是海陵王之前的女真统治者无法想象的。燕京的修建模仿宋制，都城方圆七十五里，有十二个城门，其中宣阳门中门绘龙，两侧偏门画凤，并且用金钉装饰，彰显皇家之无上尊贵。1153年，海陵王便启程离开位于东北地区的上京，向新都城赶来。女真人素无祭祀之礼，海陵仿照宋朝的祭祀礼仪，在燕京西南的大洪山修建宗庙陵寝。海陵极为注重皇家礼仪，这是他加强皇权的外在体现。

史书记载的海陵王是一个荒淫残暴的人，为了夺取和巩固自己的权力，杀人对他来说只是家常便饭，哪怕是自己的兄弟、嫡母也绝不手软。这还不能概括他全部的恶行，海陵王还十分好色，而且专门挑选宗族之中的有夫之妇。为了得到美色，甚至不惜杀害女子的丈夫乃至父亲。在历代史家的笔下，海陵王都被纳入"暴君"之列。实际上，海陵王真实的目的要远比其残杀宗室以及夺人之妇的行为复杂得多。从整个金代历史发展过程来看，海陵王是金政权统治形式由氏族首领向封建王朝进行过渡的关键一环，他所建立的是一个更加集权化的中央政权。他看到了女真政权的落后，这与他自幼接受汉文化教育，喜爱与辽、宋名士往来有关联。海陵王极为推崇汉文化，并且喜好下棋、饮茶，写得一手好诗文，在称帝之后大力推广汉文化，尊崇汉人之礼，重视科举，甚至自己出考题。为了建立新的政权形式，他必须冲破女真固有的传统旧俗。在他迁都燕京之后，甚至下令捣毁上京的宫室，用极其强硬的手段摧毁女真传统的禁锢。海陵王还在宋朝旧都汴京修建宫室，将汴京改称南京。相较于中都，南京的修建更加奢华："宫殿之饰，偏博黄金而后间以五采，金屑飞空如落雪。一殿之费以亿万计，成而复毁，务极华丽"。①海陵打算灭亡南宋取得正统之后，在汴京开始统治中国。可见，海陵王不仅仅将自己视为女真人的领袖，

① 《金史》卷五《海陵纪》。

还将自己视为统一全中国的皇帝，正如他在《念奴娇·咏雪》中所写：

天丁震怒，掀翻银海，散乱珠箔。六出奇花飞滚滚，平填了、山中丘壑。皓虎颠狂，素麟猖獗，掣断真珠索。玉龙酣战，鳞甲满天飘落。

谁念万里关山，征夫僵立，缟带占旗脚。色映戈矛，光摇剑戟，杀气横戎幕。貔虎豪雄，偏裨真勇，非与谈兵略。须一醉，看取碧空寥廓。

而要实现这个野心，征服南宋是他的必然选择。海陵王住到燕京宫殿的第五年（1158 年），便对攻宋开始了多方面的筹划。海陵王首先以南宋在榷场买马之行为违反了 1142 年的和约为借口，蓄意挑起战争。而在此前，海陵为了集中力量攻宋，首先，处理了西夏边界问题，做好了边疆防御。其次，海陵将马匹以及各处的兵器集中于中都。另外，海陵深知要打败南宋，只靠女真兵是不足的，他用极为严苛的条件在西北路契丹人中募兵，凡20岁以上、50岁以下的契丹男子都在征兵之列，引起了契丹人的反抗，同时在汉人地区广泛征兵。尽管募兵的行为引发了数次叛乱，但都没有阻止海陵实现"天下一家，然后可以为正统"的雄心壮志。① 海陵也做好了和宋兵水上作战的准备，他募得各路水手数万人，又筹备了大批战船。这显示出了他对于攻宋具有十足的决心，但在女真统治阶级内部，却并非如此。事实上，海陵抛出攻宋的言论之后，就有许多重臣反对他。然而，成为天下之主是海陵梦寐以求的，为了如愿展开攻宋战争，他不惜杀死反对发动战争的嫡母徒丹氏，以示决心和威严。徒丹氏被杀后，虽然女真贵族的反对之声在表面上平息了下去，但也为日后的宫廷政变埋下了隐患。

"万里车书何混同，江南岂有别疆封。提兵百万西湖上，立马吴山第一峰。"海陵的这首《题画》吹响了战争的号角。1161年，攻宋战争正式开始，按照女真习惯，海陵王亲自率兵出征。此时距离1142年宋金双方签订停战和约已经过去了将近二十

---

① 《金史》卷一百九十二《高怀贞传》。

年。海陵王起初很有可能想打一场快速战达到灭南宋的目的。金军兵分四路分别从水上、陆上南下攻宋。海陵率领金军主力集渡淮河，一路向长江逼近。自从金与南宋以淮河为界形成南北对峙的局面，长江便成为了南宋的一道最重要的天然防线。南宋此时却无法阻挡金军渡江，只好在长江南岸集结重兵防守。南宋在湖北、陕西、陇州等地接连取得了一些小规模的胜利，虽然没能阻止金军南下，但是打破了海陵快速战斗的计划。

金兵企图从采石（今安徽马鞍山南部）渡江，但在这次交锋中失败。据《三朝北盟会编》记载金军集结在杨林的 40 只船，只有 17 艘出江。金军不习水性，其船底又太宽，在湍急水流中极不稳，船上之金兵在水上完全无法施展，作战力皆无，最终无一艘船上岸，大部分或中箭而死，或溺死在江水中。采石之战的失败，使得海陵大发雷霆，他将战败回来的士兵全部杀死，以发泄无法渡过长江的怒气。[1] 采石一战对于宋军来说意义非凡，让宋军再次建立了战争的信心。

---

①《三朝北盟会编》卷二百三十八。

海陵出征攻宋不久后，东京就发生了政变。海陵的堂兄弟完颜雍于东京（今辽宁辽阳）自立称帝。这个消息传到金军前线，本就怀有厌战情绪的金军军心更加动荡。这场政变并非突如其来，早在海陵滥杀宗室，进行独裁统治之时就开始萌芽。海陵亲自率兵南征，远离朝廷，为政变提供了一个绝佳的时机。进退维谷的海陵最终决定继续攻宋，待大计完成之后再回师北上对付他的堂兄弟。但是金军的攻宋进行得并不顺利，在多次战役中遭受败绩。

长期的狂妄自大让海陵低估了反对势力，尤其忽略了其手下将士的反意。采石之战失败后，海陵又集结舟兵至瓜州，他渡江心切，要在渡江前亲自点兵。并且下达了严苛的军令，让众将士万分惊恐，如果渡江失败，等待他们的将是军法处置。金军将领耶律元宜决计发动兵变，而此时的海陵王竟然丝毫没有察觉，他一心想着渡江完成统一大计，直到兵变的当晚，仍然以为是宋军的突袭。兵变进行得非常顺利，海陵在扬州的营帐中被乱箭射杀，死后尸体被焚。海陵死后，金军立即北还。

"海陵智足以拒谏，言足以饰非。欲为君则弑其君，欲伐国则弑其母，欲夺人之妻则使之杀其夫。三纲绝矣，何暇他论。"①
这是《金史》对于海陵的评价。正如前文所述，历代史家基本
上将他纳入暴君之列。诚然，海陵取得帝位是通过"弑君"的
不义之举而实现的，史料中也不厌其烦地记载了他劣迹斑斑的
暴戾和荒淫之事，这是他臭名昭著的有力佐证。但是，我们从
整体史的角度来看，海陵统治时期是金代历史发展中的关键一
环，他基本实现了金政权由氏族首领向封建王朝统治性质的转
变，他所建立的中央集权为后世的发展奠定了基础。

---

① 《金史》卷五《海陵纪》。

2. 从金世宗到卫绍王

——金世宗　盛世到来

金世宗恢复生产定秩序；金章宗稳固中央集权；卫绍王无力挽救颓势。

金世宗　盛世到来

完颜雍是完颜宗辅的儿子，太祖阿骨打的孙子，与海陵是堂兄弟。完颜雍跟随母亲李氏长大。李氏并非女真人，而是渤海人的后代。完颜宗辅死后，按照女真旧俗，李氏应改嫁皇室男子，这是接受了汉文化的李氏所不能接受的，她选择了出家为尼。在《金史》的记载中，完颜雍仁厚忠孝，沉静明达，骑射技术高超。每逢出猎，完颜雍都引来长者的围观，在女真贵族当中名望颇高。海陵弑君篡权之后便大肆屠杀宗室来稳固政权，作为太祖之孙的完颜雍处境十分危险。完颜雍能够在动荡的局势中保全性命，除了幸运以外，很大程度上要归因于他的审时度势和苦心经营。他的妻子乌林达氏是一位机智多谋之人，起到了很大的助力。在海陵屠杀宗室之时，乌林达氏建议完颜雍向海陵贡献珍宝以取悦海陵。果然，海陵认为完颜雍是恭顺胆小之人，后来又将他派到地方上做官。海陵王对他的防备之心并没有完全打消，但无奈一时找不到把柄，便频繁调动他的官职以防止他积蓄势力。虽然完颜雍被排挤出了朝廷，但这也是他韬光养晦的好时机。

自从海陵称帝，完颜雍便开始了颠沛流离的生活，他先是任会宁牧，不久任大宗正事，之后任东京留守、燕京留守、济南府尹、西京留守等职。幸得乌林达氏举案齐眉，陪伴左右，为完颜雍出谋划策，两人恩爱有加。但是完颜雍任济南府尹时，海陵下诏令乌林达氏到燕京，实则让她做人质，以牵制完颜雍。乌林达氏深明大义，假意应诏前往，在途中自杀以示贞节。① 乌

---

① 《金史》卷六十四《昭德皇后传》。

林达氏留下遗书，痛陈海陵罪恶滔天，告诫丈夫要"卧薪尝胆"伺机"一怒而安天下"。① 或许完颜雍受到妻子的感召，自觉应当成就一番大业，才能不负亡妻之志。完颜雍忍辱负重，丝毫不曾表露丧妻之恨，也没有大办丧事，只是派人草草将亡妻埋葬。此后完颜雍任东京留守。海陵虽没有夺其性命，但仍然派高存福以副留守的名义监视完颜雍的一举一动。

完颜雍辗转各地做官的同时，暗地里集结了一些谋士、熟女真大族中的贵族势力以及渤海张氏大族，组成了一个政治集团。这个集团成为完颜雍发动政变的强大后盾。1158 年，海陵王为发动攻宋战争作准备，其严酷的征兵和横征暴敛终于激起了民变。1160 年，大金国土之上的暴乱四起，掀起了巨大的反金浪潮。海陵王不顾大臣以及民众的反对，一意孤行决定出征攻宋。1161 年，跟随海陵王南征的一位熟女真将领完颜福寿率兵自山东北上东京（辽阳）投奔完颜雍。与此同时，高忠建、卢万家奴等人也各自率领部众北上归顺完颜雍。婆速路兵马都

①《金文最》卷二十五《上世宗书》。

统总管完颜谋衍也率部前来投奔。完颜雍终于有了政变的军事力量。

完颜雍在东京（辽阳）悄悄地制造兵甲。这一行动被监视他的高存福知道了，便将此事禀告了海陵王，海陵王已经下达命令派人暗杀完颜雍。危急之下，完颜雍听从了舅父李石让其尽快即位的意见。他以商议防范契丹起义的名义，让高存福到清安寺开会，除掉了高存福。随即于 1161 年 10 月在官署诸军的拥立之下，于辽阳称帝，改元大定，是为金世宗。金世宗即位后，迅速组建了中央政权，用抚谕招降的方式吸纳女真贵族加入到大定政权中。这与海陵王残忍屠杀宗室的行为形成鲜明对比。金世宗在女真贵族中建立了威信，他们显然更愿意拥护一个仁厚的君主。

虽然东京政变成功，但是完颜雍所面临的局势仍然十分棘手。海陵所率的南征大军是世宗政权的最大威胁。北方契丹人民的起义仍在如火如荼地进行着。白彦敬、纥石烈志宁等人在燕京坚决效忠海陵，拒不归降。完颜雍具有高明的政治智慧和敏锐的判断力，他从容地应对新政权所面临的诸多困境。金世宗即位的次月，待中央政权稍加稳固之后，他便决定率朝中官员及三万兵力自东京出发，前往中都燕京欲夺得全国政权。

当完颜雍称帝辽阳的消息传到伐宋前线时，一心想统一中国的海陵王决定先灭南宋再北上镇压完颜雍。试想，如若海陵率几十万大军北上，金世宗手中的三万军力想必难以抵抗。但是，历史没有假设，海陵王自负地认为完颜雍难成气候，灭南宋实现统一大业才是首要任务。海陵王没有预料到，他没有等到伐宋成功，却等来了一场兵变令他丧生于乱箭之中。兵变的爆发显示出海陵王在军中早已丧失了威信，他为自己的暴戾和严酷付出了惨重的代价。

海陵王的去世为世宗政权扫除了障碍。其实，早在世宗去中都的途中就发布了一系列诏令，主要目的是为了招降海陵朝中官员以巩固政权，其次发布大赦令安定民心。海陵朝中的官员纷纷归降世宗。1161 年 12 月，世宗一行很顺利地进入了中都燕京。海陵已死，世宗政权大局已定，白彦敬、纥石烈志宁放弃了抵抗，归顺世宗。世宗对前来归顺的宗室以及北归的金军将领进行了妥善的安置。大定朝在燕京开始了统治。金世宗自

1161年至1189年在位，这是金代的鼎盛时期。

南下伐宋的金军虽然已经北上回师，但是宋金边境上的交火并没有完全停止。南宋趁金兵北上之机，夺取了京西、淮北、陕西等地的多个郡。1162年夏，赵构传位与养子赵昚，是为宋孝宗。不同与赵构的偏安一隅，宋孝宗怀有收复中原之志。但是，此时的金与南宋国力相当，双方维持了长期的僵持局面。世宗建立的新政权除了面临南宋的进攻之外，在北方契丹起义军也对燕京虎视眈眈。然而此时世宗所掌握的金兵数量不多，而且能赴前线率军打仗的将领更是寥寥无几，权衡之下，金世宗采取了先北后南的对策，集中兵力先镇压契丹起义，再解决南宋问题。这是一个十分英明的决策。世宗在镇压契丹起义时结合招抚政策，以达到分化瓦解起义势力的目的，最终将其剿灭。

之后，世宗将重点转移到南部边疆上来。鉴于海陵南征的失败教训，世宗深知无法灭宋，他接受了南北对峙的局面，希望通过议和实现与南宋的和平。但是宋孝宗继位之后，企图收复中原，宋金之间又进行了一年多的战争。南宋的北伐进行的并不顺利，统治阶级内部的主战派和主和派之间争论再起。经过漫长的谈判之后，金与南宋于 1165 年达成"隆兴和议"，维持了长达四十年的和平。隆兴和议约定金与南宋为叔侄之国，岁币为 20 万两，依然以淮河为界。这一和议与绍兴和议相比，南宋不再向金称臣，但金政权的政治地位依然要高于南宋。

在金世宗的治理之下，金政权仅仅用了短短几年的时间就恢复了边疆稳定，除了与蒙古之间还存在着小规模的战争之外，世宗统治时期实现了长达二十余年的和平。金世宗致力于实施仁政，他看到了熙宗与海陵时期金政权所出现的宗室斗争所带来的恶果，吸取了统治经验，借鉴了汉文化中的为君之道，成为了史学家所公认的明君，赢得"小尧舜"的美誉。金世宗励精图治，他说"朕夙夜思念，使太祖皇帝功业不坠，传及万世，女直人物力不困"。[1] 他深知要巩固自己的统治，必须维持北方社会的稳定，谋求经济发展，使人民安居乐业。

从整个金代历史过程来看，金世宗统治时期是一个拐点。

---

[1]《金史》卷八十八《唐括安礼传》。女直即女真。

在此之前，金代的统治者一直奉行着金太祖完颜阿骨打所定下的积极对外扩张的策略，海陵王甚至还有想要实现统一中国的愿望。在金政权建立之初，通过战争的方式进行对外扩张、掠夺财富和资源的方式是为女真人所认可的。但是，随着女真人南迁，与汉人杂居，并且分到土地之后，通过战争获取财富的愿望逐渐消弭。女真人的反战情绪高涨，海陵王南下攻宋失败就是一个力证。正是吸取了前车之鉴，金世宗摒弃了对外扩张的策略，转而进行内部改革，维持社会秩序，发展经济。换言之，金世宗统治时期是金政权由扩张转向保守的时期。

金世宗以身作则，奉行勤俭，甚至从日常的饭菜做起："太官之食，皆民脂膏。日者品味太多，不可遍举，徒有虚费。自今止进可口者数品而已。"① 金世宗选贤任能，积极纳谏。他治吏有方，选拔人才以贤能为标准，并且加强对于官吏的监督和管理，因此涌现出了尽职尽责的能吏。尤其是纳谏之举措，在金世宗统治时期内始终要求大臣进谏，自己则虚心听取。海陵统

①《金史》卷六《世宗纪》。

治时期，为了筹措南征经费横征暴敛，导致民不聊生，怨声载道。金世宗降低税赋，鼓励农业生产。海陵统治时，世宗常年出外任职，对民间疾苦深有体会。他曾说："朕尝历外任，稔知民间之事，想前代之君，虽享富贵，不知稼穑艰难者甚多，其失天下，皆由苦也。辽主闻民间乏食，谓何不食乾腊，盖幼失师保之训，及其即位，故不知民间疾苦也。"[1]

金世宗极为重视农耕，他还亲自巡视农事，了解田地耕种的具体情况。大定年间，金开垦了大量的荒地，补充耕地的不足，降低农民的徭役税赋，提高农民的生产积极性。部分猛安谋克户不事农耕，将土地租给汉人耕种，自己则锦衣玉食，饮酒游宴。对于这种情况，世宗也极为重视，他命令官员据实上报户数，按照人口分配土地，严令猛安谋克户亲自耕种，禁止农时饮酒。对于拒不亲耕的谋克户甚至施行杖责四十的惩罚。这些措施促进了农业生产，为金代的经济发展奠定了基础。

大定年间，金代的农业总产量大大提高，一年的收获可供

---

①《金史》卷八《世宗纪》。

三年的支出。麦、粟、稻、桑、麻乃至蔬瓜果实无不丰盛。民间生活水平提高，一个直接的表现就是人口数量的增长。金代十分注重人口的管理，就《金史》卷四十七《食货志》中的记载来看，人口统计是十分翔实精确的。金世宗即位初期，金有人口三百余万户。而到了1187年（大定二十三年），人口就增长了一倍，达到了六百余万户。

金代的手工业发展也很可观。冶铸、制瓷、纺织、造纸、印刷、酿酒等行业均蓬勃发展。这进一步推动了商业的进步。人口大量聚集在市场周围，涌现出了一批商业中心型的城市。例如中都，南京（开封），西京（大同）、太原等城市，商旅云集，呈现出了一派繁华之景。

金与南宋的榷场贸易在金的经济中占据了重要的份额。金与南宋、高丽和西夏的边界地带都建立了榷场，通过榷场进行对外贸易。榷场贸易为金带来的收入可与从南宋获得的岁币等量齐观。自从1942年订立和约开始，金与南宋就在边界开辟了榷场。榷场贸易在很大程度上受政治影响，在海陵王南征攻宋时期，曾一度关闭了榷场。世宗即位后，重新开放了榷场，设置了泗、寿、蔡、唐、邓、颍、密、凤翔、秦、巩、洮共 11 个榷场。金对榷场贸易的管控十分严格，民间的非官方交易是被禁止的。金向来榷场交易的南宋商人收取高昂的商税。大定年间，仅泗州榷场每年的税收就达到了 53467 贯。金通过榷场进口的物品以茶、食品、染料为多。泗州榷场的进货单仿佛是一张食品清单："泗州场岁供进新茶千胯、荔支五百斤、圆眼五百斤、金橘六千斤、橄榄五百斤、芭蕉干三百个、苏木千斤、温柑七千个、橘子八千个、沙糖三百斤、生姜六百斤、栀子九十称、犀象丹砂之类不与焉。"[1] 金向南宋输出的货物多为北珠、人参、纺织品等。除此之外，金通过燕子城、北养城的榷场，与北方族群进行牲畜交易。但是，金在对南宋榷场中的米面、牲畜以及马匹等可用于战略物资的交易是严令禁止的，这源于金对南宋始终保持着机警的防御态度。

当然，金世宗统治时期也留下了一些弊端，最引人注目的就是土地分配不均衡所导致的一系列社会矛盾。大定年间，地

---

① 《金史》卷五十《食货五》。

主豪强和女真贵族官僚占据了大量的土地，土地兼并的情况开始出现。土地集中带来贫富分化，并将导致阶级矛盾。世宗采取了限田和括田的策略。部分猛安谋克户起初分到的土地太贫瘠，就通过括田重新分得土地。1176年（大定十六年），金经历了一次大规模的括田，给猛安谋克户的新增人口及原来分配土地不足的，还有新迁徙的猛安谋克户，重新分田。此外，限制女真贵族官僚多占土地。这原本是为了缓和贫富不均的矛盾的对策，但是在实施括田的过程中，却将民间私田括为官地。世宗原本想借此机会扩充官田，巩固统治，但是括田的举措却引发了严重的社会隐患。据《金史》记载："山东拨地时，腴田沃壤尽入势家，瘠恶者乃付贫户。无益于军，而民则有损，至于互相憎疾。"[1]类似情形层出不穷，以致平民的坟墓、水井都变成了官田，民间的埋怨之声一直延续到了宣宗时期。

金世宗在位28年，励精图治，实现了稳定社会秩序、发展生产的统治目标。他在位期间，人民丰衣足食，客观上加深了

---

[1]《金史》卷一百〇七《高汝砺传》。

女真人的汉化程度。但是金世宗对于女真汉化的立场是十分矛盾的。他自幼接受了良好的汉文化教育，并且在国家治理上充分借鉴了汉文化，但是他在即位之后又对女真人的快速汉化感到忧心忡忡。为了保持女真人的民族特性，他甚至下令禁止穿汉人服装，禁止取汉名。然而收效并不大，女真人的汉化是不可逆转的历史潮流。

在金世宗的保守策略统治之下，金政权终于结束了多年的战争，重新恢复了社会秩序，生产力得到了长足的发展，金政权达到了鼎盛。但是，这个盛世并没有维持太久，金世宗之孙章宗即位后，金政权就不可避免地走向了衰落。金政权迎来了一个巨大的威胁：北方快速崛起的蒙古不断向金发起战争。与此同时，南宋又开始了新一轮的北伐。这令走下坡路的金政权遭到了致命的打击。

3. 章宗、卫绍王、宣宗、哀宗与昭宗

　　——金章宗盛世背后的危机；卫绍王失控的下坡路；金宣宗徒劳中的挣扎；金哀宗覆巢之下无完卵；金昭宗末世之帝

金章宗　盛世背后的危机

　　1189 年初，金世宗去世。原定继承人显宗早在 4 年前就去世了。继承皇位的是皇太孙完颜璟即章宗。金章宗不像他的祖父那样有雄才大略，他所接手的是一个潜藏着危机的盛世。但他性格温和稳重，能够在纷乱交错的宗室势力与手握大权的女真贵族势力之间掌控大局，也实属不易。金章宗即位后，进一步集中皇权，采用封建制的做法对宗室直系进行封王，并加强了监督力度。金章宗大力推行儒家思想，尊孔读经，俨然将儒

家思想作为国家统治的核心思想。经过几代统治者的努力，到章宗时期才建立了一套完备的礼仪制度。金政权终于过渡成为了一个封建化的王朝。在整个女真社会中，汉化程度越来越深，汉人的生活方式已经为女真人所接受和采用。除了金章宗统治后期出现了内宠、外戚的干扰之外，金政权内部是在稳步发展的。但是导致其走向衰落的是金政权无法控制的诸多外部因素。

金章宗即位当年就遭遇了一次黄河决堤所导致的水灾。当年冬季，就开始修建河防工程。修筑河防需要大量的人力和物力，基本上是靠征役沿河居民。这些居住在黄河沿岸的民众，既受到了水灾，又要负担修筑河防的劳力和资金，许多人难以为继，只能逃亡他乡，谋求生计。1193 年夏季，黄河于河南境内再次泛滥，大水冲破了十几处长堤。如果说这一次的水灾没有对金政权造成太大威胁的话，那么次年夏天的黄河泛滥给了金政权一记重击。这次水灾淹没了山东、河南的大片区域，沿河的肥沃田地颗粒无收。中原地区是主要的粮食产区，大范围的水灾令金的农业产量骤降，大批农民破产流亡，带来了严重的经济问题和社会动荡。应该说，金政权对于水灾的处理是积极的，进行了赈灾和河防。早在这次大规模的水灾发生之前，1194 年初，一位掌管舟船及水运的七品官员田栎就向章宗提出了一套科学的治河方案：将黄河水引入梁山泺故道，加固大堤，使黄河水由南、北清河分流以泄洪水。但是田栎的方案没有被采纳，主要是由于金章宗和诸大臣担心工程太大将耗费大量物资，征役过多将导致人民的反抗。在这些顾虑之下，河防工事大多局限在维护旧堤。饶是如此，1205 年的河防开支就达到了21 万余贯。连年的自然灾害给金政权带来了巨大的财政负担。

金的北方，分布着众多的游牧部落，他们是金的属部。金世宗统治后期，铁木真领导的蒙古联盟开始崛起。章宗即位后，便领略到了北方蒙古部落的威胁。12 世纪末至 13 世纪初，蒙古诸部逐渐壮大，随着铁木真统一了蒙古草原，形成了一支令人胆寒的势力。强大起来的蒙古首先要反抗的就是统治他们的金国。在金的北方边界，一些蒙古部落发起的多次劫掠骚乱，一次又一次为大规模的战争做着试探。金章宗加紧了北方边界的防御。自从 1192 年起，金政权便沿西北边界修筑界壕，建立边堡。界壕的修筑持续了多年，金将财政负担通过征役、收税的方式转嫁给民众。又通过括田的方式将汉人的土地分给金政权所依赖的猛安谋克军户，加剧了社会矛盾。除了修建防御工事以外，金政权还多次对犯边的蒙古部落进行惩戒性的讨伐。金的北方边患与连年的水灾交织在一起，使金政权的统治基础开始动摇。

连年水灾与北方兵患导致金政权的国运衰落。每年按时向金派遣使者的南宋，对于金的状况熟稔于心。以韩侂胄为代表的主战派认为此时正是北伐抗金的绝佳时机："时金为'北鄙'鞑靼等部所扰，无岁不兴师讨伐，兵连祸结，士卒涂炭，国势日弱，群盗蜂起，民不堪命。有劝韩侂胄立盖世功名以自固者，侂胄然之，恢复之议遂起。"韩侂胄为宋朝外戚，名臣韩琦之后。他曾拥立宋宁宗继位，发动庆元党禁，使赵汝愚罢相，独揽大政。他曾两次使金，目睹了金政权的衰落征兆。1205 年，韩侂胄任平章军国事，位居丞相之上。然而独揽朝政并不能满足韩侂胄的政治愿景，他的志向更为远大，即北伐抗金、收复中原，建立盖世功名。事实上，自从南宋政权建立之后，对于北伐抗金，朝廷内部就分为主战和主和两派。很明显，韩侂胄主张抗金。而要实现北伐的愿望，他首先要在朝廷中形成舆论，与那些保守的主和派展开博弈。为此，他为岳飞平反，大谈秦桧的误国之罪，对北伐进行大张旗鼓的造势。很快，主和派就占据了上风，并且开始为北伐战争作准备。

1205 年左右，宋军就开始在与金的边界地带发动小规模的袭击。平章政事仆散揆向宋人书面询问，南宋解释这是盗贼所为。金政权内部对南宋的举动进行了详细的讨论。一部分大臣认为南宋自救不暇，不会破坏盟约挑起战争。另一部分大臣则认为袭击边界城邑的人数动辄上千，恐怕不是小寇这么简单。金章宗倾向于维持四十余年的和平现状，无意发动战争。虽然金没有立刻采取军事行动，但也加紧了对于南宋的防备。1206 年正月，金章宗对前来朝贺的南宋使节陈克俊等人进行了一番言辞委婉的警告，希望继续维持和平的局面。然而，金宋边界上的骚乱仍然没有停止。虽然双方都没有明确地宣布战争，但金与南宋的关系已经日渐紧张。当年的三月到五月之间，宋军已经接连攻占了淮河北岸的数个边界城镇。金政权决定迎战南宋。金章宗举行了拜祭天地太庙社稷的仪式，并宣布征南诏书，

"以宋畔盟出师"。一个月后，宋宁宗也颁布了伐金诏书，战争正式开始。

起初，宋军取得了一些战果，夺取了淮河北岸的泗州。但接下来的战事，南宋就没有那么幸运了。金军做了充分的迎战准备，很快对南宋发起反击。南宋军在宿州（今安徽宿县北）惨遭败绩，损失了数千兵力。紧接着，南宋军又在唐州（今河南唐河县）遭遇金精锐奇兵的伏击，损失了万余人。宋金战局发生了扭转，金军分东、中、西三路南下攻宋，南宋北伐军节节败退。到了当年秋天，金军已经深入南宋境内，并且占领了陕西的几个战略要地。南宋处境十分被动，这主要是由于韩侂胄北伐心切，而又组织不力，缺乏得力干将，最终导致军队管理混乱。而四川副宣抚使吴曦倒戈，梦想着得到金军允诺给他的封地和蜀王之位。吴曦手握数万重兵，他的反叛无异于釜底抽薪，南宋军全线崩溃。1207年正月，吴曦就自称蜀王，向金称臣。但他只做了一个多月的蜀王，便被忠于南宋的官员杀了。

1206年冬，南宋的北伐已经宣告失败。韩侂胄仍然不死心，做着再战的准备。但战败的结果令南宋朝廷中的主和派再次甚嚣尘上，他们认为此次北伐的主谋韩侂胄应该对战争的失败负责，积极鼓动与金的议和。金章宗迎战的目的也仅仅在于惩戒，继续维持划江而治的局面，也想要尽快结束这场战争。实际上，金章宗面临着巨大的财政压力，南宋的岁币显然可以解决很大的经济困难。另外，与南宋相比，蒙古的威胁更令金章宗感到头疼。因此，和议就成为了双方的共同诉求。1208 年初，对于这场议和，金也提出了坚定的立场，要求南宋交出战犯韩侂胄，索要战争赔款，并且增加岁币。在宋宁宗的授意之下，韩侂胄已经于 1207 年冬在上朝时被主和派刺杀。南宋答应了金提出的条件，将韩侂胄的首级送到金朝。最终的和约于 1208 年 9 月达成，南宋与金继续保持叔侄之国的关系，向金支付 300 万两战争赔款，并将岁币增加至 30 万两。

这次和议达成两个月后，金章宗便去世了。他在位二十年，致力于加强国家的防御和内部的治理。金章宗统治时期，进行方方面面的体制改革，效法汉、唐，修订了新的法典《泰和律》。《金史·章宗本纪》评价他说："盖欲跨辽、宋而比迹于汉、唐，亦可谓有志于治者矣！"金章宗热衷于汉文化，尤其酷爱艺术。他对于金从宋朝运来的典籍和藏品非常感兴趣，并对书法有着深厚的研究。与他那位竭力保持女真旧俗的爷爷不同，在他统治时期，有文学艺术方面的修养，精通汉文化已经成为金廷的风尚。金章宗见证了金政权汉化的顶点，也见证了逐渐萌发的财政危机与南北边患。他所统治的时期，是金政权由鼎盛走向衰落的起点，"金源氏从此衰矣"。

卫绍王　失控的下坡路

金章宗去世前并未留下可以继承皇位的子嗣。在一个集团势力的拥立之下，章宗的叔父，金世宗的第七子卫绍王（完颜永济）即位。在金政权的统治者当中，卫绍王是最为平庸的，他资质平平，性格懦弱，不善用人。甚至成吉思汗得知卫绍王做了金朝的皇帝后说："我谓中原皇帝是天上人做，此等庸懦亦为之耶？何以拜为！"[1] 此后，成吉思汗便不再向金称臣，并且决定南下攻金。早在金章宗统治时期，蒙古部便开始尝试在与

---

① 《元史》卷一《太祖纪》。

金的边界上用兵。金章宗耗费大量的人力物力，修建界壕，屯兵驻守，起到了防御外敌的作用。13世纪初，随着成吉思汗统一蒙古，势力壮大的蒙古开始进行对外扩张。成吉思汗对卫绍王的轻视，是蒙古全面攻金的一个直接诱因。

1211年春天，成吉思汗亲自率军南下攻金。卫绍王一边遣使求和，一边命屯边将领修筑营垒设防。蒙古兵趁其不备，攻占乌月营。这年秋天，承裕率四十万金兵驻守险塞野狐岭。然而看到蒙古骑兵压境，承裕却怯懦不敢迎战，一路后退到会河堡，被蒙古军击溃。蒙古军很快就翻越了战略要地居庸关，这是金中都的屏障。蒙古的南攻十分顺利，很快就占据了河北的一些城镇，围困了中都。

卫绍王开始展开军事部署，守卫中都。经过激烈的战斗，蒙古兵没能攻下中都，随后金政权的援兵逐渐到来，蒙古兵撤退。撤退的蒙古兵分出一支进攻东京，抢掠一番后北上回师。这一次战争，如同成吉思汗对金的试探。第二年的秋天，蒙古军再次发动了战争。他们翻过居庸关，深入到了金领土的北部，攻入了河北、山东和山西等地。冬天到来的时候，蒙古军行进到了中都城外。卫绍王这一次没有那么幸运。他的昏聩平庸，赏罚不明，用人不当，最终导致了一场兵变。1213 年 8 月，他还没有想出对付蒙古军的有效办法，便在这场兵变中死去了。兵变的发起者是纥石烈执中，他在山西任右副元帅的时候，面对蒙古军弃城逃走。卫绍王昏庸不识人，非但不惩罚他，反而委以重任，酿成恶果。纥石烈执中废除卫绍王后，拥立自己的哥哥完颜珣（金世宗之孙）为帝，是为金宣宗。

卫绍王在历史上不被承认，他在位时的实录已经散佚，很多事件的记录都非常简略。在他统治之下的金朝，国运衰颓，无力抵抗蒙古大军的进攻，覆亡的征兆已经显现。

金宣宗　徒劳中的挣扎

1213 年 9 月，金宣宗在危急存亡的时刻即位。蒙古的这一次进攻，气势比之前更为高涨。一个月后，中都就被蒙古大军再度围困。宣宗即位后，纥石烈执中为太师，坐拥军政大权。宣宗为了巩固政权，对他和其党羽极力拉拢。掌权后的纥石烈执中在朝堂之上愈加飞扬跋扈，引起了将军术虎高琪的不满。

他们之间的冲突早有端倪。术虎高琪领兵与蒙古军作战，多次战败。纥石烈执中气愤地告诫他说："今日出兵果无功，当以军法从事矣。"①术虎高琪出战果然又失败了。他揣度此次不能逃脱纥石烈执中的问责，若果以军法处置，不免一死，便决定铤而走险。十月，他率军进入中都，包围了纥石烈执中的府邸。纥石烈执中听到了风声，拿起弓箭自卫，乱兵涌入，他爬上后墙想要逃走，衣服挂住了墙令他摔倒在地，腿受伤，没能逃脱，被乱兵斩杀。中都陷入了内乱和外困当中。金宣宗没有追究术虎高琪之罪，反而任命他为左副元帅。安抚了纥石烈执中的党羽之后，他开始建立一支属于自己的政权核心。

　　这一年的漫长冬季，蒙古兵将中都围得如铁桶一般，然而并没有出现大规模的攻城。这源于成吉思汗的围城计划："欲留孤城予敌，俾力守以自困也。"②让中都成为一座孤岛，不费兵力，待其弹尽粮绝之后，灭亡只是时间问题。金宣宗稳定了中都内部局势之后，便多次派遣使节向蒙古求和。次年三月，经

①《金史》卷一百三十二《纥石烈执中传》。
②《蒙兀儿史记》卷二《成吉思汗本纪》。

过艰难的谈判，议和终于达成。按照蒙古提出的条件，金人将卫绍王的女儿送给成吉思汗，并且奉上彩绣衣三千件、马匹三千，以及金银珠宝等物。此时，中都已被围困五个月之久，城内粮草已尽，饿殍遍野。中都被围困时，焦急的金宣宗甚至一度想采用乡野术士的迷信之计，被大臣谏止了。经此一难，金兵往日的神勇早已消失得无影无踪，取而代之的是畏惧和怯懦。面对强大的蒙古军，金政权不得不委曲求全，以人质和财物为代价换取中都的暂时安宁。阿骨打建立金政权时的荣耀已经逝去。13 世纪的金朝，光芒逐渐黯淡。

1214 年 5 月，中都之围解除后，宣宗非常坚决地做出了迁都南京（开封）的决定。除了躲避蒙古的进攻以外，战后的黄河以北诸多州郡残破不堪，再加上严重的旱灾，已经无法提供充足的后勤和补给。开封位于华北平原的中心，是中国重要的粮食产区。迁都到这里，黄河是一道天然的防线。对于金政权来说，迁都开封实际上是一个保全统治的权宜之计。但是，在蒙古看来，金的迁都是为反攻作准备。于是，1215 年春夏之交，蒙古又一次包围了中都。金宣宗召回了留守在中都的皇太子，派去救援中都的金军作战失败，中都陷落。

迁都到河南开封之后，金政权聚兵于河南，以求保护危在旦夕的政权。蒙古铁蹄踏过山东、河北、山西、北京等地，劫掠之后只余断壁残垣。掌握大权的术虎高琪无意恢复北方的广大领土，只求聚保河南，结党自固。大臣提出防御蒙古，收复故地的策略，被他一一驳斥了。术虎高琪领兵与蒙古作战时，屡战屡败，这些经历或许令他对蒙古大军产生了恐惧。他不但不主张迎战蒙古，还大肆鼓吹进攻南宋，意图向南方扩张领土，获取资源。金政权多次征南宋，均以失败告终，无一例外。金宣宗起初对这一策略是持审慎态度的，但同时他也觉察到一旦南宋与蒙古联合进攻，大金政权将难以抵抗。1217 年，金宣宗召集群臣讨论河北、陕西的防守之计，但是术虎高琪却仍旧一意孤行，只顾着修建开封的防御工事。金宣宗对于术虎高琪的专权忍耐已久。术虎高琪贸然挑起了与南宋的战争。1218 年，金宣宗以术虎高琪奸恶擅权为由诛杀了他。

术虎高琪已死，但是宋金之间的战争没有停止。1217 年 4 月，金政权为了催促南宋缴纳岁币，出兵攻宋。这场战争加速了金政权的崩溃。南宋对于金的袭扰反应十分强烈，激发了收复中原，报仇雪恨的民意。南宋很快就开始主动出击。战争持续了多年，期间金向南宋提出议和，但被拒绝。直到宣宗去世，战争仍未停止。这一时期，金陷入了腹背受敌的困境之中。北疆，蒙古不断地袭扰，金对于黄河以北地区的统治力逐渐削弱。南疆，金与南宋展开了连年的拉锯战，却没有足以称道的战果，掠夺来的粮食并不足以填补巨大的军需，更不能缓解金朝日益严峻的财政危机。

更加雪上加霜的是，金与西夏的战争也在同时进行着。西夏政权的建立比金还要早，是由党项人在中国西北部所建立的。1124年，金灭辽之后，西夏便与金建立了友好的关系。13世纪初，崛起的蒙古三次进攻西夏，西夏战败开始屈从于蒙古。西夏与金维持了八十余年的友好关系从此打破。西夏不断在甘肃边界出兵袭扰。西夏与蒙古当时的犯边策略一致，只进行劫掠而不攻占城镇，看到金兵出战就撤退，旋即再重复袭边，导致边界之地三百余里荒无人烟。金与西夏之间的战争进行了十年之久。直到宣宗死后的第二年（1224年），由于西夏受到了蒙古的大举进攻，才与金达成和议，约为兄弟之国。金与西夏之间的战争实则两败俱伤，与西夏的战争耗费了金政权本就不充裕的兵力，使其无法集中精力应付蒙古的攻袭。

外敌攻袭已经使金政权疲于应对，而内部叛乱蜂起加速了金政权统治的分崩离析。蒙古兵锋过处，掠夺金帛、百姓子女，践踏庄稼，给黄河以北的民众带来很大的影响。许多农民破产，只能以野菜充饥。走投无路的民众聚起反抗。率先揭竿而起的是山东的一个村民杨安国。杨安国本是一个皮匠，以制作和贩卖鞍材为业，因此得了个绰号"杨鞍儿"，他便自称杨安儿。他在章宗时期曾经因杀人亡命天涯，在太行山一带落草为寇，聚众千人，"依山负海，时出时入"。[①] 早在章宗泰和年间，杨安国就曾经发动过一次起义，后来投降金朝，并且做了州刺史、防御使的小官。到了1214年，蒙古兵大举进攻，金对于山东的统治削弱，杨安国再次举起起义的大旗。他当时任铁瓦敢战军副都统于前去复命戍边的途中折回山东，进攻州县。山东、河北

---

① 《大金国志》卷二十五《宣宗纪》。

等地的农民起义风起云涌。金宣宗迁都开封之后，山东、河北等地的民众税赋更加严重了。走投无路的民众群聚为盗，掳掠州郡。分布在山东、河北的起义军，反抗金政权的统治，交相呼应形成了一股轰轰烈烈的潮流。杨安国率领的起义军声势壮大，并且获得了当地人民的拥护。他甚至在1214年夏天于山东登州（今山东蓬莱）自立称帝，改元天顺，并且攻占了山东半岛东部的一些县城。这显然是金宣宗无法容忍的，当年七月派仆散安贞率领一支部队镇压起义军。镇压的过程极为惨烈，在一场战斗中，金军与起义军从中午战到暮色四合，转战三十里，屠杀了数万起义军。起义军又集结二十万之众于莱州（今山东掖县）抵抗金军，仍旧失败。杨安国想要乘船逃走，却被金兵击杀，落水而死。杨安国死后，他的余部又立他的妹妹杨妙贞（四娘子）为首领，与李全领导的起义军合流继续活动。他们以身穿红袄为标记，称为红袄军。

仆散安贞镇压了杨安国之后，紧接着镇压了山东的其他几支起义军。但是，山东的起义并没有销声匿迹，反金运动仍然在持续。尤其是李全和四娘子领导的红袄军起义，于1217年冬季占领了青州和莒州。在纷乱的政治局势当中，红袄军只能依靠一支更为强大的势力才能得以保全。李全选择投靠南宋政权。他的初衷显然并不是光复宋朝，而是为了站稳脚跟，自立称帝。无论从哪个方面讲，扶持红袄军对于南宋都是有利的。南宋授予李全官位，给他物资援助，这将从内部瓦解金政权在山东的统治。事实上也正是如此，当时李全在山东占据的地盘上，金政权已经失去了控制。南宋将李全的红袄军进行整顿，编为"忠义军"，企图借其力量对抗金军，但又唯恐红袄军势力坐大，难以控制。1227 年，南宋借红袄军被蒙古包围之际，杀了李全的哥哥。这直接导致了李全的叛宋。他公开投降攻袭金的蒙古，转而对付他最初的保护者南宋。李全率兵前往扬州向南宋发起了一次进攻，但是没有成功，他本人也在 1231 年被杀。红袄军的残部或投降，或被金军镇压。轰轰烈烈的红袄军起义宣告失败。山东、河北地区的起义军在金朝末期揭竿而起，反抗金政权的压迫和残酷剥削，虽然以失败告终，但是大大削弱了金政权对于山东的统治。

与山东的叛乱相比，还有更让金宣宗感到苦恼的，那就是金朝失去了女真人的故乡东北。在金政权受到蒙古攻袭，关内统治出现危机的时刻，大臣徒单镒的确提出过撤退东北的建议。但最终金宣宗迁都河南开封，而不是退守东北，这实际上是由于当时东北的局势决定的。

1212 年，契丹人耶律留哥叛金，他是辽朝宗室的后裔，企图摆脱女真人的统治。耶律留哥叛变的起因是卫绍王颁布了管控契丹人的政策：令两户女真人夹居一户契丹人，防止契丹人投蒙古。① 这激起了契丹人的强烈怨愤。耶律留哥自立为都元帅，控制了东北中部和北部，随即归附成吉思汗。1213 年 3 月，耶律留哥建立了依附于蒙古的傀儡政权"辽"，自称辽王，定都咸平。金政权派遣蒲鲜万奴率军镇压耶律留哥，但以失败告终。蒲鲜万奴战败之后，便率兵撤退到东京，也举起了叛金的大旗，建立"大真"政权。但蒲鲜万奴在不久后的一场战斗中再次败给耶律留哥。东京被耶律留哥占领。耶律留哥的傀儡政权一直持续到 13 世纪 30 年代，才最终被蒙古废除。

---

① 《元史》卷一百四十九《耶律留哥传》。

蒲鲜万奴之所以能够建立割据政权，很大程度上得益于辽东猛安谋克的拥护。蒲鲜万奴在金末乱世中踌躇满志，他率兵进攻婆速路拓展势力范围，不料被金军所败，还被耶律留哥夺去东京。蒲鲜万奴进退维谷之间只得率部前往海岛上谋求发展。他击败高丽，攻占上京，建立了东夏政权。高丽在耶律留哥的进攻之下自顾不暇，无力讨伐蒲鲜万奴。而金政权也受到蒙古的袭扰，无法抽调兵力。蒲鲜万奴的东夏政权便在夹缝中发展壮大。东夏政权延续了十余年，在13世纪30年代蒙古征高丽时宣告灭亡。

东北的中部和北部被耶律留哥占据，东部山林地区被蒲鲜万奴占据。与此同时，辽西地区也被蒙古大将木华黎占领。1214年前后，金朝已经失去了对于东北的控制。耶律留哥、蒲鲜万奴的叛金看似是偶然事件，但实际上却是金政权的衰落所导致的必然现象。东北仍然居住着许多女真人，他们原本是金政权最为可靠的后方，但是金政权却丢失了自己的故乡。撤回东北故乡的道路已经被切断，金政权只能转而南下自保。

总之，金宣宗目睹了金政权的崩溃。迁都开封之后，虽然他极力进行改革，企图挽救摇摇欲坠的政权，但于事无补。猛安谋克户的屯田制度崩溃，金政权的统治基础开始动摇。章宗时期，猛安谋克的衰落已经显露，出现了严重的贫富分化。到了宣宗时期，战乱频仍，猛安谋克壮丁皆为兵，在与蒙古军的作战中死伤惨重。迁都开封之后，许多猛安谋克户随之涌入河南，屯田制度已然瓦解。猛安谋克无以为生，只能依靠金政权供养。面对国库的空虚和一年比一年更重的财政负担，金政权能够拿出的对策也只是对民众进行更加严酷的盘剥，而这犹如一个恶性循环，蚕食着越来越脆弱的政权。如果说章宗时期是金政权衰落的起点，那么宣宗就见证了祖辈留下的基业在内忧外患之下日渐局促地苟延残喘。

金哀宗　覆巢之下无完卵

1223 年，金宣宗去世，继承皇位的是他的第三子完颜守绪，是为金哀宗。金宣宗留下了一个残破不堪的政权。随着木华黎攻占了山西太原，金廷所能掌控的领土只剩下河南以及山东、山西的一部分和陕西。木华黎率军进攻陕西之时，金宣宗派遣使者与蒙古议和，蒙古提出了让他无法接受的条件：宣宗不再称帝，改称河南王。金政权与蒙古的议和计划流产。

金哀宗在位十年，见证了金政权的悲凉落幕。金朝在三面受敌、财政崩溃的情况之下，仍然能够维持十年的国运，除了女真人的顽强与团结之外，成吉思汗将矛头转向西亚，也给了金廷喘息的机会。蒙古的征金大元帅木华黎于 1223 年进攻陕西期间病逝。当时成吉思汗正在率蒙古主力西征，攻打西亚。木华黎死后，蒙古军虽然对金政权的战争仍在继续，但是锐气骤减。金哀宗抓住时机稳定局势。金与南宋进行议和，在 1224 年达成和约，金以放弃岁币为代价换来了与南宋的和平。1125 年，金与西夏签订了和议，双方约为兄弟之国，并且开放了榷场贸易，以获取必备的战略物资。但是两年后西夏就被蒙古灭亡了。失去了西夏的缓冲作用，直接暴露在蒙古面前的金政权处境更加危险。

1127 年成吉思汗去世，令金哀宗多了一些恢复势力的时间。金哀宗即位之初，就开始加强军事实力，进行一系列的军事制度改革，又组织了"忠孝军""合里合军"，还收编了忠义军，充实了金军力量。

1230 年秋天，成吉思汗的继承者窝阔台开始实施他的灭金战略，他亲自率军出征，第二年年初就攻占了陕西凤翔。金政权的关陇大门被打开，位于黄河沿岸的开封笼罩在危机之下。占领了凤翔之后，窝阔台制定了攻金的计划。兵分三路，窝阔台率领中路进攻山西；斡陈那颜率领东路军进攻山东济南；托雷率领西路军进攻陕西宝鸡，取道汉水，进攻开封。1232 年初，蒙古中路军占领了河中府。虽然金庭派遣了兵力守卫在黄河北岸，但是蒙古三路大军仍然渡过了黄河，金廷的首都开封陷于危急之中。金哀宗命令完颜合达、移剌蒲阿率军返回开封作战。金军在行军途中与蒙古军在三峰山展开了一场激烈的决战。

当日天降大雪，白茫茫的雾气遮蔽了天空，能见度极低。由于连日大雪，战地耕种着麻田，土地松软，人马经过时如同陷入泥淖。金军士兵身披甲胄僵立在雪中寸步难行，手里拿着的枪槊武器都结了冰。他们行军多日，食不果腹，甚至有人三天没有吃上一口饭。然而蒙古军的营帐中却是另一番热闹的景象，他们烹煮着牛羊肉，轮换休息。趁金军疲惫困顿之际，蒙古军假装让开道路放他们走，然后出兵夹击，金兵溃不成军，蒙古军奔袭数十里，金军惨叫声震天，血流成河。突然之间，雪霁天晴，日光皎然。^①经此一役，金军精锐基本上毁于殆尽。

这一战之后，金廷能够依靠的就只剩下驻守在陕西的徒丹兀典所率领的十万兵力。金哀宗原本诏令徒丹兀典支援开封，但是徒丹兀典却不走洛阳大道，而选择了翻山越岭的险径到邓州。他在途中遭遇了蒙古军的围攻，十万大军不堪一击。三峰山之役得胜之后，蒙古兵长驱直入，兵锋直指开封。金哀宗也并非坐以待毙，加强开封城的防御工事，扩充军师兵力，做好军事部署。1232 年 3 月，蒙古军占领中京（河南洛阳），中京留守撒合辇投河自尽。蒙古大军逼近开封。围城之前，蒙古军派遣使臣前往开封交给哀宗一封谕降书，提出索要"翰林学士赵秉文、衍圣公孔元措等二十七家，及归顺人家属，蒲阿妻子，绣女、弓匠、鹰人又数十人"。^②

速不台率兵将开封城团团包围。蒙古军驱赶汉人俘虏以及

①《金史》卷一百一十二《移剌蒲阿传》。
②《金史》卷一百一十二《移剌蒲阿传》。

老弱妇孺用草填上金兵修建的战壕，攻城进度很快。开封城又一次面临着生死攸关的考验。保卫开封的金军将领由于议和之计不敢轻举妄动，而只能站在城上眼睁睁地看着蒙古兵所筑的工事一步一步靠近。城内的民众亦群情激奋，喧嚣不止。哀宗只得亲自到端门安抚民众的情绪。金哀宗为了议和，想方设法与蒙古人进行谈判。尽管哀宗答应以曹王为人质，蒙古兵的围城仍未停止。开封保卫战异常惨烈。

蒙古兵和金兵都用了火器，进行了绵延半个月的炮石之战。金军在开封城的每个城角都设置了百余支火炮与蒙古兵交战，昼夜不息。开封城有一个有关筑城的传说，周世宗时采用"虎牢土"修建而成，因此城墙坚固如铁，受火炮攻击仅仅留下凹陷而已。金人仍然能够组织起有效的防御，与开封城的坚固或许有某种关联。金兵运用了两种极具杀伤力的武器"震天雷"和"飞火枪"。"震天雷"是将火药装到铁罐中，点燃后能飞上天空，发出雷鸣之声，将其投掷到敌兵身上、马上杀伤力很强。①"飞火枪"的枪筒长约二尺，将火药填进枪筒，用绳子系在枪头上。军士出战时各自拿着一个铁罐装火炭，临阵时点燃，火枪喷出的火焰有三米远。②这两种火器的威力甚至震慑了凶猛的蒙古铁蹄。

金人修筑防御工事的时候，白撒为了阻挡蒙古军攻城，便在城门外修筑了狭窄的短墙，仅能容二三人通过。但这也成为了金兵进攻的阻碍。金人计划夜袭蒙古军营，但是由于城外短墙的阻碍，军队只得缓慢出城，等到集结到城外时，早已被蒙古军发现。此后，金军又派遣千人死士挖地道经由护城河出城，突袭蒙古炮台。但此计相约以城上悬挂纸灯为渡过护城河的信号。纸灯引起了蒙古军的警觉，金军的突袭计划破灭了。

相持了半个多月，蒙古军攻城不下，最终双方进入议和阶段，蒙古退兵。与此同时，当年夏天爆发了一场严重的瘟疫，从开封城门出城的死者约有九十余万人，没有钱财丧葬的人不

---

①《金史》卷一百一十三《赤盏合喜传》。

②《金史》卷一百一十六《蒲察官奴传》。

计胜数。① 经历了战乱和瘟疫，开封城已不复往日繁华，变得衰败残破。

蒙古虽然已经退兵，但形势依然紧张。在和谈中，蒙古坚持要求金政权投降，这是哀宗无法接受的。当年六月，为了防御蒙古再次进攻，哀宗下旨封城，并对城内进行防御性的修复。整个秋天，金与蒙古都在进行漫长的谈判。七月，蒙古派来的使者向哀宗传达了蒙古的条件，要求哀宗不再称帝，向蒙古称臣。哀宗以患病为由，躺在御榻上接见了蒙古使臣唐庆，唐庆在殿上出言不逊，惹怒了金人。金飞虎军便潜入唐庆的寓所将其与三十余人一并杀害。② 唐庆等使节的被杀使这场和谈彻底流产。

经过了围城和瘟疫，开封城内的存粮空前紧张。1232 年 7 月，参知政事完颜思烈、恒山公武仙、巩昌总帅完颜忽斜虎率兵自汝州入援开封。这个消息使处于危局之中的哀宗感到欣慰，他马上派遣赤盏合喜领兵一万迎接援军。但是完颜思烈率部在

---

① 《金史》卷十七《哀宗纪》。
② 《金史》卷十七《哀宗纪》。

途中遭遇了蒙古军的进攻，溃败散去。其余的援军也大都退去了。惊慌失色的赤盏合喜丢下了粮草辎重逃跑了。冬天到来的时候，开封仓储的粮食殆尽，走投无路的金政权开始在民间大肆搜刮括粮，下令："自亲王宰相已下，皆存三月粮，计口留之，人三斗，余入官，隐匿者处死。"[①]括粮政策虽然严酷，但收效甚微，到了十二月的时候，开封粮食已尽。而援兵久久未能到来，蒙古军步步紧逼，开封城笼罩在阴云之下。就是在这样的形势之下，哀宗决定出逃。1233年初，金哀宗在一些近臣的簇拥中离开了开封。他先是到了河南归德渡过了几个月，夏天的时候又辗转抵达蔡州。

哀宗出走后，开封城被推向了风口浪尖，金政权的覆灭已经不可扭转。留守在开封城的将领人心惶惶，面对蒙古军更加汹涌的围攻，开封已经无法再组织起有效的抵抗。西面元帅崔立在开封发动兵变，清除仍然效忠于哀宗的大臣。掌权之后，崔立便谋划向蒙古投降。速不台率军抵达青城，崔立得到消息

---

① 刘祁：《归潜志》卷十一《录大梁事》。

后便仪容整肃地前去拜见速不台，并以侍父之礼对待速不台。但是，速不台此时对崔立的投降之心仍然是怀疑的。为了取得速不台的信任，崔立回去后便烧毁了开封城的瞭望台，以示投降的诚意。崔立的投降之举引起了众多金廷大臣的反对，很快他又携金朝宗室赶赴青城。或许崔立期待着能够在蒙古的庇护下获得一个官位，但是这个希望很快就破灭了。蒙古军闯进了开封城，进入了崔立的府邸，劫走他的妻妾和家财。就像靖康之难一样，随同崔立前往青城的金朝宗室都被蒙古掳走，这便是"青城之难"。归来之后的崔立看到洗劫一空的家，除了悲恸以外毫无办法。当年六月，崔立便被他的部将李琦谋杀了。

开封城失守后，蒙古军彻底击垮金政权尚需时日，他们紧接着向哀宗藏身的归德进发。1233 年 6 月，哀宗离开了缺粮的归德，狼狈地逃往蔡州（今河南汝南）。哀宗的逃亡之路非常窘迫，仅仅带了几位重臣及二三百人随从，所过之处荒草满目，生灵涂炭。到了蔡州之后，哀宗整顿了政权核心，秩序稍加安定，一些忠于金政权的将领纷纷赶来蔡州应援。但此时，哀宗已经无法再进行有效的统治了。蒙古军对蔡州形成了围攻之势，周围的郡县都已沦陷，蔡州成为了一座孤城。蔡州缺粮日渐严峻，在军兵中引发了争抢和恐慌。一向轻视南宋的金哀宗无奈之下甚至派遣完颜阿虎请求南宋支援粮食。哀宗让使节向南宋传达了联合抵抗蒙古的愿望，但是南宋不仅不施以援手还继续联合蒙古攻金。南宋急于收复中原，一雪前耻，却不曾料到金哀宗"唇亡齿寒"的忠告竟成为了现实。金政权灭亡后，南宋就成为了蒙古进攻的下一个目标。

1233 年九月，蒙古军和南宋军联合向蔡州发起了围攻。金哀宗派遣忠孝军持强弩抵抗蒙古兵。蒙古兵在蔡州城外筑起工事，做好了持久战的准备。一个月后，蔡州饥民众多，金人不得不放饥民老弱出城觅护城河中的菱芡水草充饥。十二月，蒙古军破外城，蔡州已不可保。1234 年正月，蒙古军进入蔡州城。危亡之际，哀宗将皇位传给东面元帅完颜承麟，在混乱的巷战声中自缢而亡。

金昭宗　末世之帝

金哀宗不愿做亡国之君，便传位于完颜承麟，他对完颜承麟说这是不得已之策，自己体弱无法率众杀敌，而完颜承麟则强健有谋略，若能成功抗敌，度过一劫，使金朝得以传承，也可替自己完成志愿。①完颜承麟是金世祖完颜劾里钵的后代，骁勇有将才，在抵抗蒙古进犯中起到了重要的作用。他对金哀宗忠心耿耿，被任命为东面元帅。他是金政权的最后一位皇帝，同时也是中国历史上在位时间最短的皇帝。完颜承麟即位时，蒙古大军已经杀进城内，在匆匆结束了登基大典后，他便立即投身于巷战之中。蔡州巷战极为惨烈，完颜承麟率众奋力搏杀。但兵力过于悬殊，顷刻之间，金军便溃败殆尽。当哀宗自缢身亡的消息传来，完颜承麟便急忙率群臣奔去哭奠。此时，蔡州城已全面崩溃，完颜承麟死于乱兵之手。金政权就这样灭亡了。

金政权于 1115 年建立，至 1234 年覆灭，享国 119 年。这十位皇帝，见证了金政权百余年的兴衰历程。金太祖完颜阿骨打率先举起了抗辽的大旗，随着抗辽的成功，女真族群逐渐统

———

① 《金史》卷十八《哀宗纪》。

一，为建立政权奠定了基础。1115 年，完颜阿骨打在上京会宁府建国，国号"大金"，建元"收国"，从此开始了金政权荡气回肠的百余年历史。"金之初兴，天下莫强焉。"[1]金政权以其勇猛的女真骑兵创造了不可战胜的神话，快速灭亡了辽朝。金太宗继承完颜阿骨打的遗志，灭亡北宋，使疆土扩张至中原地区。而到了熙宗时期，金政权统治阶级内部矛盾愈发尖锐，熙宗后期的荒政又为金政权的统治带来了隐患。海陵王篡位之后，在权力斗争中，恣意屠杀宗室，留下了"暴君"的称号。他迁都燕京，建立了一个集权化的中央政权，推动了金政权向封建王朝的转变。但这并不能使他的野心得到满足，他要征服南宋，成为"天下之主"。正是这个野心将海陵王推向了绝境。事实上，此时金政权与南宋双方实力势均力敌，谁也无法打破南北对峙共存的局面。海陵王南下攻宋连连失利，被部将杀死在营中。金世宗在位时施行仁政，与民休息，经济、文化均繁荣发展，出现了盛世之景。金章宗时期，金政权便急转直下，由此

---

①《金史》卷十八《哀宗纪》。

衰落。金章宗即位之初便经历了严重的水灾，之后南北边患四起，加上财政危机愈加严重，盛极衰始。到了卫绍王时期，金政权已纲纪崩坏，走向了难以逆转的下坡路。金宣宗即位后，战乱频仍，屯田制度已然瓦解，国库越发空虚，难以维持越来越重的财政负担。在蒙古的进攻之下，金宣宗被迫南下迁都到开封。面对日渐衰落的统治，金宣宗无力回天，祖辈留下的基业在内忧外患之下日渐局促地苟延残喘。随着蒙古的崛起，金哀宗的统治始终笼罩在阴云之下。他试图力挽狂澜，用外交手段缓和与南宋和西夏的关系，维持了十年的国运，但却无法避免政权的覆灭。在经历了数次围攻之后，金政权的都城汴京失守，金哀宗一路逃亡至蔡州。1234 年，在蒙古与南宋的夹击之下，金政权最终灭亡。

問題九：
大金走向衰落
是由于蒙古的崛起吗？

1 大金的财政危机

2 大金对蒙古诸部的
管理和统治

3 大金的灭亡及后世影响

金世宗时期，金政权走向了鼎盛，与西夏、南宋的关系趋于稳定，经济、文化都获得了极大的发展。但是到了金章宗时期，由盛世骤然转向衰落。这一时期，蒙古崛起，不断袭扰金政权的北部边疆，为大规模的进入做着准备。蒙古部落曾是金政权的属国，但是自从铁木真率领蒙古部落统一了草原，成为了一支不可小觑的力量。铁木真的蒙古铁蹄，令女真人闻风丧胆。我们知道，蒙古南下攻陷了金政权的都城开封，金哀宗被迫逃往至蔡州，金政权最终在蒙古与南宋的南北夹攻之下覆灭。蒙古的攻占是导致金政权毁灭的一个直接原因。那么，我们再度回顾金政权的整个历史进程，它的盛极而衰，是否是由于蒙古崛起而造成的呢？除此之外，是否还有其他的因素？我们将从金政权后期的统治所出现的一系列问题、蒙古与金政权关系的变迁等方面进行探讨。

1. 大金的财政危机

金政权建立之初,经济状况是很好的。女真人统治者从辽朝和北宋那里继承了大量的财富。据《大金国志》记载,金攻克开封之后,获得了巨额的北宋库藏:"绢5400万匹,大物缎子1500万匹,金300万锭,银800万锭。"[①]1137年,金废除刘豫的伪齐政权,接手了丰富的库藏。1142年起,金通过与南宋签订的和约,每年还能获得银25万两、绢25万两的岁币。因此,金政权前期的库藏应是很充裕的。但是到了金代末期,库藏已空,甚至难以支付每年的财政支出,只能以增加税赋的手段搜刮民脂民膏了。金政权的财政状况为何每况愈下,甚至成为了

---

① 《大金国志》卷三十二,第236页。

政权崩溃的一个重要因素呢?

　　这要从章宗年间频发的自然灾害说起。1189 年, 章宗刚刚即位, 河南就暴发了严重的水灾。金政权启动了一项大规模的工程, 投入了大量的物资、人力去治理黄河, 修筑河堤。据《金史》记载, 金政权动用了 608 万人, 除了兵力之外还征用了 430 万民夫。每天民工的工钱开支就达到了 2.1 亿文, 粮食 645 万升。① 这对于金政权来说是一项非常沉重的负担。1190—1192 年之间, 河北、山东等地又接连大旱, 金章宗曾亲赴太庙祈雨。1194 年, 黄河再一次泛滥, 淹没了河南、山东的大部分地区。金政权又一次斥巨资维修河堤。统治中原以后, 农业成为了金政权的经济基础。12 世纪末 13 世纪初, 接连发生的水灾、旱灾等自然灾害导致灾区颗粒无收, 受到了很大的经济损失。而黄河水冲击的平原地区, 主要包括河南、山东等地是金政权最重要的粮食产区。黄河泛滥导致这一地区粮食产量骤降, 并且导致大量灾民流离失所。为了维持社会安定, 金政权不仅要维修

---

① 《金史》卷二十七《河渠志》。

河道，还要开仓赈济灾民。在没有收入的情况下，支出反而大幅提高了。这是导致章宗时期财政状况窘迫的诱因之一。

与此同时，为了防御北方蒙古草原部落的袭扰，章宗决定在边界地带修建界壕。界壕的修建持续了五年之久，金政权投入了大量的人力物力。1195 年，金政权对蒙古部落发动了一次惩戒性的进攻，这次进攻虽然最终胜利了，但是金政权也付出了很大的军费代价。对作战有功的官兵进行赏赐是女真人的一个传统，而且赏赐的金额非常可观。承安年间对于军队的赏银动辄数十万两，相当于从南宋所收取的岁币。因此，北部边患是导致章宗年间财政困难的诱因之二。

起初，在完颜阿骨打带领猛安谋克反辽的时候，战争所需的粮食、马匹、武器都是猛安谋克自备的。随着时间发展，金政权在战时发给猛安谋克钱物。到了世宗时期，猛安谋克制度已经衰落，出现了雇佣汉人的募兵制度。此后，金政权开始养兵，庞大的军费开支成为了一项最为沉重的负担。国库日渐空虚，为了维持统治，金政权则将财政负担通过税赋的方式转嫁至百姓身上。承安年间，金政权开始向人民征收"军须钱"。

自从金世宗时期开始，金政权就进行通检推排，向民众征收物力税。所谓的物力税实际上是一种财产税，通过对各家各户的财产进行总体的估算，按照财产的总量收税。到了章宗时期，物力税成为了至关重要的财政收入来源。据《金史》记载，1198 年所收取的物力税达到了 250 万贯。[①]

金政权千方百计增加赋税，但是仍然入不敷出。他们采用了发行货币的手段来平衡收支，这直接导致了后患无穷的通货膨胀。章宗时期，"国虚民贫，经用不足，专以交钞愚百姓，而法又不常，世宗之业衰焉。"[②]1189 年，金政权每年铸铜钱 14 万余贯，每年的支出却高达 80 余万贯。章宗即位后便停止铸铜钱，仅发行交钞。交钞首次发行于 1157 年，当时金政权仿照宋朝的纸币交子，交钞发行七年后回收换新钞。章宗取消了七年之限，交钞使用至磨损后方可更换新钞。自此之后，交钞发行过多，出现了大钞难以流通的问题。1197 年，金政权又发行了可以兑换铸银的"承安宝货"，用来解决交钞流通的困难。这一

①《金史》卷十一《章宗纪》。

②《金史》卷四十八《食货志》。

阶段，金政权的货币虽然种类混乱，出现流通不畅的问题，但还是比较稳定的。但是 1206 年爆发的战争使得本就混乱的货币市场更加脆弱。战争带来了高额的军费，金政权大量发行交钞，并且出现了高额面值的交钞。滥发交钞导致了货币的贬值和物价的上涨，以至于章宗时期万贯只能买到一个饼的情况。货币的贬值始于章宗时期，此后金政权直到灭亡都未能扭转这一局面，这直接导致了金朝的经济衰退。

总之，金政权统治的后期，财政危机愈发严重。财政政策的失当是导致财政危机的主要原因。除此之外，自然灾害与北部边患加重了金政权的财政负担。而猛安谋克屯田制度的崩溃动摇了金政权的统治基础。金政权后期的统治无力改变国力衰颓。女真人所建立的大金国在 13 世纪光芒逐渐黯淡。

2. 大金对蒙古诸部的管理和统治
——蒙金关系变迁

历史上，在中国北部的蒙古高原地区，居住着东胡人的后裔。他们以放牧为生，逐水草而居。我们知道，13 世纪初成吉思汗统一了草原部落，建立了一个庞大的蒙古帝国。在此之前，蒙古高原上分布着许多个部落：最西边的是居住在阿尔泰山南部和也儿的石河上游的乃蛮部；乃蛮部的东面是克烈部；东南部也就是戈壁地区居住者汪古部；大兴安岭西坡、汪古部的北面是弘吉剌部；克鲁伦河南面的草原地区分布着塔塔儿部；蒙古部居住在克鲁伦河与鄂尔浑河之间；三姓蔑儿乞居住在蒙古部的西北面。在整个漫长的 12 世纪，蒙古高原都在持续进行着各个部落之间的纷乱和争斗。与此同时，蒙古高原上的部落与中国的北方各政权进行着交往和联系。

辽朝对蒙古高原上的部落进行了羁縻统治，将他们统称为"阻卜"。1115 年，完颜阿骨打率领女真人建立了金政权，用了十年时间将辽朝灭亡。辽朝灭亡之际，耶律大石率部奔赴漠北地区，依靠一些蒙古高原部落的拥护建立了西辽政权。直到 1211 年西辽政权灭亡，蒙古高原的部落与西辽都有着密切的关系。金政权建立之初对蒙古诸部进行招抚，使得一些部族开始归附。虽然如此，漠北诸部大部分在金太宗时期仍然受控于西辽。一些蒙古高原部落早在天会年间就与金政权建立了朝贡关系。据《金史·太宗本纪》记载，1128 年塔塔儿部向金政权献羊，蒙古部的首领也来朝见。金政权初期，尽管蒙古高原上的一些部落归附，但是这种朝贡关系仍然是十分松散的，金政权对蒙古诸部的控制力很有限。

12 世纪中期，随着生产力的发展和社会进步，蒙古高原上出现了部落联盟，并且有了统一的趋势。合不勒汗统一了蒙古氏族，在高原上威望远播。1146 年，金熙宗曾召见合不勒汗，将他册封为蒙古国王。金政权欲将蒙古纳入自己的朝贡体系当中，但是这位声名显赫的首领却并不领情，并且在朝廷上做出了冒犯皇帝的举动。女真人与蒙古人之间就此结下了仇怨。[1] 后来，蒙古部和塔塔儿部之间出现了矛盾。塔塔儿部抓住合不勒汗的继承者俺巴孩汗，将他送给了金朝。俺巴孩汗在金朝被残忍地处死。这更增加了蒙古与女真的矛盾。面对快速发展的北方部族，金政权起初采用招抚、分化的手段来应对，后来不得不加强了北部边疆的防御，在边州设置防御使，设置招讨司镇守。与此同时，金与蒙古的贸易往来却愈加密切，在北部边疆燕子城、北羊城设置了榷场，通过榷场贸易获得北方的马匹和牲畜。

金世宗统治时期，金朝的国力达到鼎盛，对于北部边疆的经略卓见成效。1175 年乃蛮部归附金朝。此后，蒙古诸部也相继隶属于金朝，建立了较为稳定的朝贡关系。金朝对于蒙古的控制力加强，给予蒙古诸部首领封号，并享有征兵的权利。这一时期，蒙古与金朝的关系是比较稳定的。

① 何俊哲：《金朝史》，中国社会科学出版社 1992 年版，第 350 页。

金章宗即位后，在边疆经略上安于守成，期望保持世宗朝所建立的和平安定的周边关系。然而，北部边疆问题丛生，塔塔儿部、弘吉剌、合底忻等部多次在边界地区袭扰。为了稳定边疆，金政权在北部边界地带大规模地修筑界壕，并且增加驻兵进行防御。有研究表明，北方部族之所以接连袭边，与章宗时期向人民横征暴敛以转嫁财政危机有密切关联。自 1195 年起，在北部袭扰屡禁不止的情况下，金政权发动了三次北伐，对蒙古高原诸部进行镇压。蒙古与金朝在世宗时期形成的朝贡关系趋于瓦解的边缘。与此同时，铁木真统一了蒙古诸部，取得了比他的祖辈合不勒汗更伟大的成就。统一的蒙古快速成长为金朝的头号大敌。这一切来得如此迅猛，刚刚经历过水灾浩劫的金政权还未从孱弱的经济中复苏就要面临一头北方雄狮的疯狂进攻。

合不勒汗死后，他的继承者俺巴孩汗被金政权处死，蒙古诸部又陷入分裂的状态。1189 年，铁木真被举荐为蒙古乞颜氏的汗。此后，他获得了克烈部的支持，翦除了凌驾于他之上的蒙古贵族势力。经历了数次战争后，铁木真攻克了乃蛮部、塔塔儿部，并且控制了克烈部的领地。1205 年，铁木真已经占据了蒙古高原大部分的地区。1206 年春天，铁木真在斡难河源召开部落大会，升起九游白旗，接受了"成吉思汗"的称号，宣告蒙古国正式成立。

建立蒙古国后，成吉思汗推行了千户制，以千户作为基本的军事单位和行政单位。通过千户，整个蒙古的百姓都被编入了一个机动灵活、纪律整肃的军事组织当中。成吉思汗没有忘记金政权残忍杀害蒙古首领俺巴孩汗的仇恨。他整顿军队，征服了北方残余的草原部落，稳定了自己在草原上的统治之后，便开始准备向金朝进攻。

尽管使用了分化草原势力的手段，金朝仍然没能阻挡蒙古的统一。1206 年，作为军事缓冲地带的汪古部公开反叛金朝的统治，投靠了新建立的蒙古。这使得金朝北部边患雪上加霜。成吉思汗虽然抱定了进攻金朝的计划，但起初是隐忍和谨慎的，他选择先攻克西夏再图金朝。1210 年，西夏国王向蒙古称臣，并且将公主嫁给了成吉思汗。西夏的归附为成吉思汗攻金扫清了障碍。

　　西夏归附之前，蒙古与金朝的关系就已经剑拔弩张。1209年，卫绍王即位，成吉思汗对卫绍王显然没有什么好感，甚至毫不掩饰对他的蔑视和厌恶："我谓中原皇帝是天上人做，此等庸懦亦为之耶？何以拜为！"①章宗在位时，曾命卫绍王到净州接受岁币，成吉思汗见到卫绍王不行礼。卫绍王怀恨在心，计划等成吉思汗再来进贡时便将他杀害。成吉思汗从此与金朝决裂，不再向金朝进贡。这一年，成吉思汗决定南征攻金。

　　1211年，蒙古对金政权进行了第一轮进攻。此前，蒙古军已多次袭扰金朝边界，并且探测、掌握了金军的情况。这年春天，蒙古军分兵两路南征，一路由成吉思汗亲自率领经居庸关向中都（北京）进军；另一路由术赤等人率领，目标为西京（山西大同）。当年，蒙古军就顺利攻克了金政权北部边界的几个城堡。面对蒙古大军气势汹汹的进攻，金政权组织了援军至边界抵御，但是成效寥寥。八月，蒙古军行至野狐岭时，受命御敌的金军将领完颜承裕竟然不敢迎战，在撤退途中遭到了成

---

　　①《元史》卷一《太祖纪》。

吉思汗率部的猛烈攻击。成吉思汗乘胜追击，越过了军事要塞居庸关。当年九月，哲别率领的一支游骑先锋便抵达中都城下。金政权死守中都，进行了激烈的防御战。蒙古军久攻不下，金各路援军相继抵达中都城外，遂退去。撤退途中，成吉思汗又派遣哲别率部进攻辽东。与此同时，术赤等人率部攻克西京，西京留守胡沙虎弃城逃窜。蒙古的这次进攻不以占领土地为最终目的，劫掠一番后就北上回师了。经此一战，金政权遭受重创。河北、陕西的多个州县都被蒙古所占领。

1212 年秋天，经过半年的休整后，成吉思汗再次率军南下亲征，围攻西京。成吉思汗在战场上被流矢射中，撤兵北上，解除了西京之围。第二年七月，成吉思汗又率兵进攻居庸关。金将完颜纲、术虎高琪率兵抵抗，在缙山战役中失败。哲别率部攻克居庸关。当年秋天，成吉思汗将蒙古大军分成三路，派术赤、察合台、窝阔台率右路军，沿太行山南下进攻河北、河南、山西地区；哈撒儿及斡陈那颜、拙赤、薄刹率左路军，进攻河北、辽西地区；成吉思汗与托雷率中路军，进攻河北、河南、山东地区。此时，蒙古大军已经深入到金朝腹地，在黄河北岸的农耕地区包括河北、山东、河南和山西等地劫掠。

1214 年初，河北郡县都已被蒙古占据，金朝最重要的农耕地区都已残破不堪。蒙古诸将建议成吉思汗趁势攻克中都，但被他否决。金宣宗遣使求和，并且献上了公主、财物和马匹。成吉思汗接受了金朝的求和，于春天撤离中都，北上回师。中都之围已解，金宣宗决定迁都到开封。金朝的迁都是迫于蒙古大军的压力而实施的极不光彩的举措。夏天来临的时候，卫绍王一行就已经马不停蹄地来到了新都城开封，留太子驻守在中都。这为蒙古的再次进攻留下了借口。

得知金宣宗迁都后，成吉思汗马上派兵进攻中都。驻守在中都的金军抵挡了几个月。但金太子离开中都逃往开封，留下了一片混乱的中都城。1215 年初，成吉思汗亲自到中都指挥作战，金军防线开始瓦解。蒙古军截获金军运输到中都的粮食，打败了金政权的援军。太子撤出中都以后，金兵的守城之心开始动摇。驻守在通州的金军将领蒲察七斤投降。城内缺粮，援兵不至，中都犹如一个孤城，陷入了绝望，只得向成吉思汗打开了城门。蒙古军进入中都城，获取了大量的战利品。成吉思汗回到了蒙古，将金朝的战场留给了手下的将士，他自己则把主要精力放在了西方战场。

如果说中都的沦陷还不能给金政权以致命的打击，那么位于东北的东京（今辽阳）失陷，则切断了金朝统治者返乡的后路。早在1212年，哲别率军渡过辽河，就曾短暂的占领东京。营救东京已经令金朝难以应付，契丹人耶律留哥发起的叛乱更是令东北陷入了混乱。耶律留哥聚众十万人反抗金朝的统治，意欲恢复辽朝的辉煌，他后来占据东京，向蒙古称臣。1215年冬天，木华黎攻打辽西，占据了锦州。到了1216年的时候，东北大部分地区都已沦陷。东北是女真人的故乡，金朝原本可以退回到那里以保全统治。女真人的返乡之路已经被切断，面对蒙古大军一次比一次更猛烈的进攻，只能南下求生。

1216年，由于成吉思汗已经率蒙古主力部队行进到达克鲁伦河，蒙古对于金朝的进攻有所缓和，但并未完全停止。成吉思汗对留在金朝战场上的木华黎寄予厚望，并于次年封他为"太师国王"。木华黎驻扎在中都，虽然蒙古主力军都已奔赴西线战场，但是他仍然组织起了一支十万大军。这支军队由一万三千蒙古军，汪古部探马赤军一万，和投降归附的契丹、汉人八万共同组成。

　　木华黎率领这十万军队对金朝发起了新一轮的进攻，重新占据了被金朝收复的山西、河北、山东地区。木华黎率中路军继续推进，但遭遇到金军的顽强抵抗。1218年初，木华黎的军队停战休战。河北张柔叛金投蒙，他在河北为蒙古进一步巩固战果。秋天，木华黎率军进攻山西，到了年末的时候就攻占了太原。这一时期，蒙古对金朝的进攻较为缓慢，但在木华黎的指挥下，蒙古军仍然在1220年占领了山西大部分土地，将战役推进至山东西部。此时，若金朝奋力抵抗，或许仍有喘息的机会。但是，金政权决定发起对南宋的战争，作为对南宋拒绝支付岁币的惩罚。金政权与南宋的战争进行得并不顺利，金军主力受到重创。南下征宋分散了金军兵力，这为木华黎的继续南下提供了机会。木华黎几乎没有遇到阻挡就轻易占据了山东济南。

　　金廷派使节与成吉思汗求和。蒙古提出了和谈的条件，要求金朝向蒙古称臣，撤出陕西。金朝没有接受这个条件，和谈计划落空。1221年，木华黎对陕西和甘肃地区发动了大规模的进攻，占领了陕西中部和西北部的许多城镇。他原本计划进攻长安，但是金军坚守长安城，攻城目标没有实现。次年年底，蒙古军围攻凤翔，久攻不克。而西夏撤走了他们的部队，削弱了木华黎的军事力量。1223年初，木华黎放弃了对凤翔的围攻，撤兵回到山西，不久便因病去世了。

1223年末宣宗病逝，金朝的统治已经衰落，经济衰败，民不聊生。金哀宗即位之后结束了与南宋的战争，并且收复了一些领土。木华黎的去世拖缓了蒙古对金朝的进攻。金朝得到了喘息的机会。金哀宗采取了一系列的措施巩固政权。首先，与西夏议和，约为兄弟之国，结束了敌对状态。其次，推进与南宋的和谈。但南宋已有联合蒙古攻金以图收复中原的打算，虽然停止了战争，但双方的争端依然存在。最后，加强了军事防御，组建忠孝军、合里合军、忠义军，提高了金军的军事实力。金哀宗曾派使节赴蒙古求和，但均被拒绝。1229年，蒙古内部争夺统治的纷乱告一段落，窝阔台继承汗位，继续推行灭亡金朝的政策。

1230 年，窝阔台发动灭金战争。经过了一番进攻之后，窝阔台发现金朝尚能组织起有效的抵抗，短期内一举灭亡金朝的战略很难实现。尤其是在潼关，蒙古军遭遇了金军守将完颜陈和尚的顽强抵抗。蒙古军经过要塞潼关进攻开封的计划失败。炎热的夏天，窝阔台在避暑之地召集群臣商讨攻金之策。托雷的兵分三路之计得到了窝阔台的首肯。1231 年蒙古派出三路大军互为呼应协同作战：速不台率左路军进攻山东；窝阔台亲自率领中路军攻山西；托雷率领右路军进攻陕西，计划三军在开封会合。

金朝纵然做了防御部署，但是主将移刺蒲阿不敢正面迎战，未能阻拦蒙古军渡过汉水。之后，双方在三峰山进行了一次决定性的战役，金军主力遭到了毁灭性的打击。1232 年春，速不台率兵围攻了开封。金哀宗急忙遣使求和，蒙古提出要金朝投降。蒙古对开封的围攻持续了半年，开封城内粮绝，金哀宗召集的援兵皆被蒙古击溃，瘟疫的暴发又增添了这座城市的绝望。紧急关头，金朝又做了一次愚蠢的决定。当蒙古使者到开封谕降的时候，金朝以使者对哀宗无礼为由杀了他，和谈的道路就此断绝。金哀宗放弃了这座绝望的都城，狼狈地逃到了蔡州。

1233 年，蒙古与南宋联合进攻蔡州。金哀宗意识到已经走投无

路，匆匆将帝位传给完颜承麟便自杀了。当日，蔡州城被攻陷，

金朝灭亡。

3. 大金的灭亡及后世影响

——女真族群的后续发展情况

蒙古的数次进攻直接导致了金政权的灭亡。但是，金政权的衰落早在章宗即位时就已经现出端倪。章宗时期，金政权通过修建界壕、增加驻军等对策尚能抵御即将崛起的蒙古。然而，金朝的经济状况却越发地捉襟见肘，直到走到崩溃的边缘。究其原因，除了接连遭受洪水泛滥等自然灾害以外，金朝土地制度的弊端是导致经济危机的一个根本原因。

金政权建立之前，女真人生活在东北山林地区，社会生产力较低。随着女真人的崛起，相继灭亡辽朝和北宋，进入中原地区后，面临着土地所有制的问题。由于女真人尚处于奴隶社会的发展阶段，而中原地区早已进入了封建社会，实施土地私有制度，土地制度的差异给金政权在中原地区的统治带来了困难。金政权采用了区别对待的方法，汉人仍然沿用封建土地所有制，女真人、契丹人等使用土地国有制。猛安谋克屯田制就这样发展起来。金政权统治初期，北方由于战乱和灾荒，存在大量的荒地，这使女真人施行计口授田成为了可能。但是应该看到猛安谋克屯田制存在着致命的弊端。迁徙到中原地区以后，女真人口是在不断增长的，而耕地面积是有限的，这就造成了分田不均的矛盾，并进一步演化成为严重的社会问题。进入中原地区以后，农耕成为了经济的主要来源，女真人逐渐认识到了土地的重要性，其要求分配土地的愿望越来越强烈。我们知道，猛安谋克构成了金朝统治的基础，为了满足他们逐渐增长的屯田需求，金世宗时期推行了括田，一定程度上牺牲了汉族人民的利益，强占土地为官田再分配给猛安谋克户。这种做法埋下了一系列的社会隐患。一些猛安谋克户不习惯农耕生活，而是将土地租或卖给汉人耕种。虽然金政权一再下令鼓励猛安谋克亲自耕种土地，严禁土地买卖，但猛安谋克内部出现了严重的贫富分化。

到了章宗时期，猛安谋克的衰落更加严峻。为了应对频繁暴发的水灾，金政权为了转嫁财政危机，千方百计地增加税收，并且沿用了世宗时期的括田制度，继续维护着行将瓦解的猛安谋克。这最终导致了大规模的人民起义。实际上，猛安谋克制度在金政权统治初期已经暴露出了弊端，但是金政权统治者始终维护着猛安谋克的利益，甚至在其丧失战斗力的情况下依然没有对其进行改革，这终将演变成为越来越沉重的负担。到了金朝末期，与蒙古的战争一再失利，猛安谋克随着金朝统治者迁至河南，屯田制度已经崩溃。失去了土地的猛安谋克只能依靠金政权维持生计。然而金朝的统治也已摇摇欲坠，最终在蒙古与南宋的联合进攻之下走向了灭亡。

综合来看，蒙古的进攻是导致金政权灭亡的外部因素。土地制度存在的缺陷是导致金政权始终无法解决经济危机的根源。金政权为了缓解财政危机，错误地实施了严苛的赋税政策，以及滥发货币等政策，使得经济更加混乱。金政权无法应对财政上的困难。括田制度损害了汉人的利益，引发了此起彼伏的人民起义。猛安谋克的衰落和崩溃动摇了金政权的统治基础。这些因素交错推进，构成了金政权灭亡的内部原因。

蒙古灭金，很多女真人死于战火。留在中原地区的女真人，汉化趋势更加显著。元朝实行四等人制，将女真人归入汉人之类。许多女真人为了生存利益主动改为汉姓，并且与汉人通婚，在生活习惯和文化上已经与汉人无异。女真人的民族认同逐渐降低。留在金源地东北的女真人在金代末期的战乱中也受到了巨大的创伤，有些在战争中死去，有些迁徙到了东部。金末，蒲鲜万奴建立东真国，聚集了许多的女真人。元代在东北设置辽阳行省，对生活在这里的女真人进行因俗而治。但辽阳行省的女真人也承担着赋税和兵役的义务。

女真族群的再度崛起是在明代后期的时候。明代女真人已经非常地分散，族群意识薄弱，并且为了争夺社会资源经常出现自相残杀的局面。建州女真努尔哈赤起兵建立后金，结束了女真各部分散的状态。努尔哈赤以语音相同为标准，统一了女真各部。女真人的族群意识逐步加强，在皇太极时期发展为"满洲"。

问题十：
《金史》是一部
什么样的史书？

1 《金史》的编纂过程

2 《金史》的价值

3 《金史》存在的问题

《金史》记载了金朝 120 年的兴衰始末，是研究金朝历史的最主要的史籍，也为本书的写作提供了基础史料。历代史家对于《金史》的评价都是很高的，并且认为它是元代所修的宋、辽、金三部史书中最好的一部。那么《金史》为何会得到史学界的普遍赞誉呢？我们将对《金史》的编纂过程、它的体例及所涵盖的主要内容，以及存在的问题，做简要的探讨。

1.《金史》的编纂过程

《金史》成书于元代，共135卷，包括本纪19卷、志39卷、表4卷、列传73卷，记录自1115年金太祖完颜阿骨打建元收国，至1234年蒙古灭金，共120年的金朝历史。

《金史》的正式编纂始于元代至正三年（1343年），由脱脱主持，参与修纂的包括沙剌班、王理、伯颜、赵时敏、费著、商企翁等人。仅用了一年多，到1344年11月便完成了《金史》的编纂。考虑到时值元代末期，农民起义频发，元朝的统治已经风雨飘摇，《金史》的仓促成书就不足为奇了。与《金史》同时修纂的还有《宋史》和《辽史》，均是在极短时间内完成的。

如前所述，金朝是由女真人建立的政权。女真人起于白山黑水之间，旧无文字，《金史》本纪关于开国之前的史事记载在很大程度上具有传说性质。但金政权建立后，以迅猛的态势灭辽，再灭北宋，将领土拓展至中原地区。从此，金政权的统治重心发生了变化，主要的政治经济区域开始南迁，经过三次迁都之后，金源地东北已经不再是金朝的政治经济的核心区域。大量的女真人开始迁徙到中原地区，与汉族人民杂居。从这个角度来看，整个金朝的历史是一部女真人和汉人族群融合的历史。由于金朝的统治深入到了中原地区，金朝的汉化程度相比辽朝更加深刻。金政权入主中原之后，主动地学习汉文化。北宋留下来的文物、遗存，为金政权继承，"金人之入汴也，时宋承平日久，典章礼乐，粲然备具。金人既悉收其图籍，载其车辂、法物、仪仗而北，时方事军旅，未遑诸也。既而即会宁，建宗社，庶事草创"。①金人建立政权初期，为了开疆拓土，把主要精力放在军事扩张上面，而忽略了礼仪制度。金政权攻入开封，灭亡北宋，携带着北宋朝廷的典籍、法物、仪仗北上。金人原来是不注重宗庙礼仪的，此后便开始建

---

①《金史》卷二十八《礼志》。

宗社。金朝的统治者大多自幼接受汉文化教育，熟读儒家经典，并且在全国范围内推广儒学。以金熙宗为例，他醉心于研读《尚书》《论语》及《五代史》《辽史》，达到了夜以继日的程度。在史学方面，金朝也仿照汉人治史之经验。金世宗认为应当据实记载史事，他曾明确表示："朕观前史多溢美，大抵书书载事贵实，不必浮词谄谀也。"[①]金朝注重史事记录，历朝的实录记载较为完善。这为《金史》能够在短时间内编纂完成提供了基础。

其实，早在元代建立初期就已经出现了修撰金史的提议。受到忽必烈重用的谋士刘秉忠就曾建议"撰修金史，令一代君臣事业不坠，于后世甚有励也"[②]。但当时忽必烈还没有即位，刘秉忠修金史的意见被搁置。金朝遗臣元好问对于金史的修撰也怀有极大的热情。作为金亡元兴的亲历者，他将亡国之痛、思国之情都赋予修撰金史。元好问拒绝了耶律楚材的邀请，不愿仕元，而以修史为己任，决心以一己之力修撰一部金史。金朝

①《金史》卷七《世宗纪》。
②《元史》卷一百五十七《刘秉忠传》。

灭亡后，他编成一部诗集，收录了金朝皇帝、诸大臣、诗人以及布衣百姓所作的诗歌共 2116 首。元好问抱着"以诗存史"的目的，将这部诗集命名为《中州集》。《金史·艺文传》就是以《中州集》为基础材料编写的。元好问本来打算抄写珍贵的金史资料金实录，但是他的一位朋友从中作梗，令他抄录金实录的希望落空，无法修撰金史。修史之愿望无法实现，元好问转向金朝史料收集的工作，著称《壬辰杂编》。他收集的资料成为了日后《金史》编纂的基础。

《金史》之所以能够在短短的一年多的时间里修纂完成，除了利用元好问搜集的材料之外，还借鉴了王鹗所作的史学成果。王鹗，字百一，开州东明（今山东东明）人。与元好问的经历相似，王鹗也是金朝遗臣。蒙古军攻入蔡州城时，王鹗在将被处决的时候，被元朝将领张柔营救。之后，王鹗入仕元朝，受到了忽必烈的重用。和元好问一样，王鹗也怀揣着为后世存史的信念。忽必烈即位之前，王鹗就曾建议修纂金史，并且推荐杨奂、元好问、李治主笔。1261 年，元朝设翰林院，张柔将所获得的金朝实录交给朝廷。王鹗认为修纂金史的时机已到，又向元世祖提议修金史，他说："自古帝王得失兴废班班可考者，以有史在……宁可亡人之国，不可亡人之史。若史馆不立，后世亦不知有今日。"① 这一次，元世祖采纳了王鹗的建议，下令修纂国史及辽金二史。当时，元好问和杨奂都已经去世，王鹗推荐著名学者李治、李昶、王盘、徐世隆、图克坦公履、郝经、高鸣等人修史，组建了一个阵容强大的修史班底。王鹗亲自拟了《金史》大纲，保存于《玉堂嘉话》中。王鹗拟定的大纲，成为了后来《金史》修纂的基础。金亡后，王鹗还以亲身经历写下《汝南遗事》，详细记录了从1232年六月金哀宗抵蔡州，到1234年正月蔡州沦陷这一时期的历史。《汝南遗事》共四卷，所录之事非常详细。《金史》中的《哀宗纪》及乌库哩镐、完颜仲德、张天纲等传都取自《汝南遗事》，此外一些列传乃至食货志都吸取了《汝南遗事》的记录。

元好问、王鹗等学者以修史为己任，或记录或搜集，留下了珍贵的资料。元末脱脱主持修纂金史的时候，已经有了可资

---

① 苏天爵：《元朝名臣事略》卷十二《王文康公》。

借鉴的丰厚基础。概括来说，《金史》是在金朝实录的基础上，借鉴参考了刘祁《归潜志》、元好问《壬辰杂编》、杨廷秀《金四朝圣训》、杨云翼《大定礼仪》等成果才最终修成的。

2.《金史》的价值

　　历代史家对于《金史》颇为赞赏，认为《金史》为元代所修三史之最。清代史学家施国祁评价《金史》说："金源一代，年纪不及契丹，与地不及蒙古，文采风流不及南宋。然考其史载大体，文笔甚简，非《宋史》之繁芜；载述稍备，非《辽史》之阙略；叙次得实，非《元史》之伪谬。"[①]赵翼在《廿二史札记校正》中也对《金史》给予了肯定："《金史》叙事最详核，文笔亦极老洁，迥出宋、元二史之上。"虽然《金史》修纂时间短，仓促成书，但其价值是不容置疑的，不仅是研究金朝历史最为重要的史籍，还是研究辽史、宋史、夏史的基本资料。

―――――――

① 施国祁：《金史详校·序》。

《金史》的价值体现在诸多方面。首先，《金史》的史事记载详略得当，条例整齐，首尾严密。虽然女真人初无文字，但《金史·世纪》仍然追溯了女真兴起的过程，记载了完颜阿骨打之前十代祖先的事迹。尽管有很大程度上的传说性质，但还是令后世对于女真人有了更加全面的了解。《金史》的体例比较完善，涉及了金朝的政治、经济、地理、风俗、外交等，对金朝历史进行了全方位的记录。《金史》中的表和志非常完备。《金史》的《食货志》详细记录了金朝纸钞发行的状况；《地理志》详细记录了中国北方各州县的设置、兴废情况；《河渠志》详细记录了金朝应对水灾、治理河道的情况；《交聘表》记录了金朝与宋、夏、高丽等国的外交往来。这些记录对金史研究提供了丰富的史料。另外，《金史》在本纪最末增加了一卷《世纪补》，记述了熙宗之父宗峻、世宗之父宗尧、章宗之父允恭三人之事。按照汉唐修史惯例，只有皇帝才能入本纪，但这三人都不是皇帝，但却是皇帝之父，并且被尊为皇帝号，因此《金史》创造了一个独特的形式，将其列入《世纪补》。

　　其次，《金史》体现了族群融合的特点。女真人统一的过程中，吸纳了渤海人、奚人等族群。辽朝灭亡后，许多契丹人归顺金政权。另外，金政权入主中原地区后，所管辖的人口虽以汉人为主，但有大量的猛安谋克户迁徙到中原地区。因此，族群融合贯穿着整个金朝史。金政权的官员结构也体现出了这一特点，由女真人、汉人、契丹人、渤海人、奚人组成。《金史》中的列传记载了七百七十余人的人物传记，其中女真人占一半，其他族群的人物传记占一半。

最后，《金史》体现了强烈的正统意识。《金史》的修纂自从元初就已经开始筹备，但是一直拖延到元末才最终修纂完成，这是由于辽、金、宋孰为正统之争论迟迟没有解决。最终按照辽、金、宋均为正统，分别修成了《辽史》《金史》《宋史》。金朝自入主中原之后，正统意识逐渐加强，尤其是海陵王统治时期，提出"天下一家，然后可以为正统"。随着汉化程度的加深，金朝的国家认同感也逐渐加强。金朝灭亡之际，出现了许多忠于朝廷的官员，这也从侧面反映出士人阶层已经将金朝视为正统王朝。

3.《金史》存在的问题

当然,《金史》仓促成书，也存在着许多的问题。《金史》中出现了姓名不统一的现象。如撒离喝，在《熙宗纪》中写作撒离合，在《睿宗纪》中写作撒离喝，而在《宋史》当中又称撒离曷。纥石烈执中时而记作胡沙虎，时而写成纥石烈胡沙虎。

《金史》还存在着严重的天命历史观。《太祖纪》记载金太宗完颜阿骨打出生时有五色祥云，预示着他将成就一番大业，说道："其下当生异人，建非常之事。天以象告，非人力所能为也。"很明显，这是一种将历史发展归结为天命使然的观念。此类天命思想在《金史》中屡见不鲜。金政权建立后，欲实现灭辽大计，便以"辽政不纲，人神共弃"①为发兵缘由，显示金伐辽乃顺应天命之举。《金史》评价金朝历代皇帝时，认为海陵暴政无度，兴兵南下伐宋，使金朝国事衰微，"天厌南北之兵，挺生世宗"②，维持了金朝百年的国运。这也是将金世宗时期宋金停战议和之事归结为上天厌弃金宋战争，体现出强烈的"天命不可违"的思想。类似的例子在《金史》中还有很多。天命历史观认为超越人力的天意是主导历史发展的最终力量，这是一种狭隘、落后的历史观念。

---

① 《金史》卷二《太祖纪》。
② 《金史》卷十八《哀宗纪》。